Carlsen in der Schule

D1935136

Katrin Nothdorf, Jahrgang 1975, ist Lehrerin an der Grundschule Börßum und Fachleiterin im Fach Deutsch. Von 1999 bis 2000 unterrichtete sie an einer Hauptschule. Neben ihrer pädagogischen Tätigkeit im Schuldienst arbeitet sie als freie Autorin für den Cornelsen Schulbuch Verlag und für den Westermann Schulbuchverlag.

Carlsen in der Schule

Ideen für den Unterricht

Klasse 5–9

CARLSEN

Alle Texte, Textteile, Grafiken, Layouts wie alle sonstigen schöpferischen Teile sind unter anderem urheberrechtlich geschützt. Das Kopieren, die Digitalisierung, die Farbverfremdungen sowie das Herunterladen z. B. in den Arbeitsspeicher, das Smoothing, die Komprimierung, die Konvertierung in ein anderes Format und Ähnliches stellt unter anderem eine urheberrechtlich relevante Vervielfältigung dar. Diese ist genauso wie jegliche Bearbeitung der hier erwähnten schöpferischen Elemente nur mit ausdrücklicher vorheriger schriftlicher Zustimmung des Verlages zulässig. Zuwiderhandlungen werden unter anderem strafrechtlich verfolgt.

Originalausgabe
Veröffentlicht im Carlsen Verlag
In neuer Rechtschreibung
März 2002
Copyright © 2002 Carlsen Verlag GmbH, Hamburg
Umschlagbild: Volker Nepomuk Greßmann
Umschlaggestaltung: Doris K. Künster / Britta Lembke
Corporate Design Taschenbuch: Dörte Dosse
Satz: Dörlemann Satz, Lemförde
Druck und Bindung: Elsnerdruck, Berlin
ISBN 3-551-35146-5
Printed in Germany

Mehr Informationen und Leseproben
aus unserem Programm
finden Sie unter www.carlsen.de

Inhalt

Unterrichtsmodelle:

Unterrichtsmodell für die Klassen 8–9

Stundenaufwand ca. 12 Unterrichtsstunden

Annika Thor
Eine Insel im Meer

240 Seiten
ab 12 Jahren
Umschlagbild
von Doris K. Künster
Carlsen Taschenbuch
ISBN 3-551-35104-X

Behandelte Themen in Stichworten:

- Drittes Reich / Anschluss Österreichs
- Auswanderung / Leben in einer fremden Umgebung
- Ausgrenzung / Integration
- Infragestellen von Oberflächlichkeiten

Leseprobe

Eines Tages zieht Svante ein Paket aus seiner Schultasche und reicht es Steffi. Es ist gerade Frühstückspause und alle Kinder sitzen mit ihren Butterbroten und Milchflaschen in der Klasse. Zuerst glaubt Steffi, Svante habe ihr sein Butterbrotpaket gegeben. Es ist in eine braune Papiertüte mit großen Fettflecken eingewickelt.

»Nein, vielen Dank«, sagt sie höflich. »Ich hab eigene Butterbrote dabei.«

Svante lacht laut. »Das sind keine Butterbrote. Es ist ein Geschenk. Für dich.«

»Mach es doch auf!«, sagt Britta, die neben Steffi sitzt.

»Ja, öffne es!«, sagt Sylvia und beugt sich vor, um besser sehen zu können. »Mal sehen, was dein Bewunderer für dich gekauft hat.«

»Ich mach es zu Hause auf«, sagt Steffi und versucht das Paket in den Ranzen zu stecken. Aber da wird Svante böse.

»Mach es auf! Ich will sehen, wenn du es aufmachst.«

Steffi kann sich nicht drücken. Sie wickelt das fettige Papier auf. Darin ist ein Bild, gerahmt von einem plumpen selbst gemachten Holzrahmen.

»Dreh es um!«, sagt Svante ungeduldig.

Steffi dreht das Bild um. Ein vertrautes Gesicht starrt sie an. Ein Gesicht, das sie schon tausend Mal gesehen hat, in Zeitungen, auf Plakaten, in Schaufenstern zu Hause in Wien. Schwarze Haarsträhne, kleiner schwarzer Schnurrbart, harter Blick. Das Bild hat einen Grauton und ist undeutlich, vielleicht aus einer Zeitschrift geschnitten. Ein Bild von Hitler. Gerahmt.

»Ich hab's selbst gemacht«, sagt Svante. »Gefällt es dir nicht?«

Steffi starrt das Bild an und versucht es zu begreifen.

Einmal hat sie ihn in Wirklichkeit gesehen. Im März letzten Jahres sind die deutschen Soldaten im Triumph durch Wien marschiert. Hitler fuhr in einem schwarzen Mercedes durch die jubelnden Volksmassen.

Steffi und Evi hatten sich hinausgeschlichen, um sich die Parade anzusehen, obwohl ihre Mütter es ihnen verboten hatten. Zuerst war es ein aufregendes und feierliches Gefühl.

»Heil Hitler! Heil Hitler!«

Die Leute schubsten und drängten sich, um besser sehen zu können. Viele streckten den Arm zum Gruß der Nazis aus.

Eine dicke Frau schob die Mädchen beiseite. Ein Mann in Uniform starrte die beiden unfreundlich an. Steffi und Evi versuchten sich aus der Masse zu verdrücken, aber sie kamen nicht weiter. Gegen eine Hauswand gepresst machten sie sich so unsichtbar wie möglich, bis die Parade vorbei war und die Menge sich lichtete.

»Lass mal sehen!«, sagt Sylvia hinter ihrem Rücken. »Was ist es?«

Sie streckt die Hand aus und versucht Steffi das Bild wegzunehmen. Steffi hält es fest. Dabei stößt sie zufällig die Milchflasche auf der Tischplatte um. Die Milch ergießt sich über das Bild und tropft auf den Fußboden.

»Magst du es nicht?«, fragt Svante enttäuscht. »Ich hab gedacht, es würde dir gefallen. Du bist doch aus Deutschland, oder?«

Er stemmt seine großen Pranken auf Steffis Tisch und beugt sich vor, kommt mit seinem pickligen Gesicht ihrem ganz nah.
»Lass mich!«, schreit Steffi. »Lass mich in Ruhe! Idiot!«
Die Lehrerin steht in der Türöffnung.
»Was geht hier vor?«
»Es ist Steffi«, antwortet Sylvia. »Svante wollte ihr etwas schenken, aber sie wollte es nicht haben. Sie hat ihn Idiot genannt.«
»Stephanie«, sagt die Lehrerin scharf. »So reden wir in dieser Schule nicht miteinander. Vielleicht dort, woher du kommst. Aber nicht hier in Schweden.«

aus: Annika Thor: Eine Insel im Meer, Carlsen Verlag GmbH, Hamburg 2001 (Taschenbuchausgabe)

Inhalt

»Das Ende der Welt, denkt Steffi.
Dies ist das Ende der Welt.«

Eleonore und Stephanie Steiner, kurz Nelli und Steffi genannt, leben mit ihren Eltern in den dreißiger Jahren in Wien. Als Töchter eines angesehenen jüdischen Arztes wachsen sie hier wohl behütet und gut situiert auf.
Mit dem Anschluss Österreichs an das von den Nationalsozialisten regierte Deutschland ändert sich der Alltag der Familie allerdings schlagartig. Als Juden müssen sie nun

nicht nur ihre Wohnung räumen und auf gewohnte Annehmlichkeiten verzichten, sondern auch um ihre Sicherheit und sogar um ihr Leben bangen.
Den Eltern von Nelli und Steffi gelingt es, ihre beiden Töchter in einem Hilfsprogramm unterzubringen. Sie dürfen Österreich verlassen und nach Schweden ausreisen. Dort sollen sie von einer schwedischen Familie aufgenommen werden, bis die Eltern nachkommen können und man gemeinsam nach Amerika auswandert, um dort ein neues Leben zu beginnen.
In Schweden angekommen werden die beiden Mädchen allerdings nicht wie die anderen Kinder vom Bahnhof abgeholt, sondern müssen allein auf einem Dampfer weiterreisen. Ihr Ziel ist eine kleine Insel vor Göteborg. Doch dort ist nichts so, wie es sich die beiden vorgestellt hatten: Sie werden voneinander getrennt und in zwei verschiedenen Pflegefamilien untergebracht. Nelli, die Jüngere, kommt in eine warmherzige Familie mit zwei kleinen Kindern. Steffis Pflegemutter, Tante Märta, ist dagegen sehr streng und fromm. Sie lebt mit ihrem Mann, Onkel Evert, abgeschieden »am Ende der Welt«.
Nelli arrangiert sich nach einiger Zeit mit der neuen Situation, doch Steffi kapselt sich immer mehr ab und droht zu vereinsamen. Zusätzlich leidet sie unter den Schikanen ihrer Mitschülerinnen. Unter diesen Umständen gelingt es ihr nicht, sich einzuleben oder sich irgendwie heimisch zu fühlen. Lediglich die Hoffnung auf die baldige Ankunft der Eltern hält sie aufrecht. Allerdings verzögert sich deren Ausreise aus Österreich erheblich und wird durch die

sich zuspitzenden politischen Verhältnisse mit der Zeit immer schwieriger und unwahrscheinlicher.
Doch es gibt auch vereinzelte Lichtblicke: Während Tante Märta Steffi mit einer harten Schroffheit begegnet, findet sie in Onkel Evert einen Menschen, der ihr Freundlichkeit und Liebe entgegenbringt. Erst nach und nach begreift Steffi, dass sich hinter der groben und frommen Art der Tante tiefe Wunden über den Tod ihrer Tochter verbergen.
Nach anfänglichen Schwierigkeiten in der Schule werden Steffis Leistungen immer besser. Da ihre Pflegeeltern jedoch sehr arm sind, können sie sie im nächsten Jahr nicht auf das Gymnasium in Göteborg schicken. Erst als Sommergäste in das Haus der Pflegeeltern ziehen, scheint der Traum für Steffi wahr zu werden. Sie wollen Steffi bei sich in Göteborg aufnehmen und ihr so den Schulbesuch ermöglichen.

Die Autorin

Annika Thor wurde 1950 in Göteborg geboren und ist dort aufgewachsen. Schon als Kind schrieb sie kleine Geschichten und Theaterstücke für ihre Puppen und Stofftiere, doch an eine Zukunft als Schriftstellerin glaubte sie lange Zeit nicht. Um trotzdem die Möglichkeit zu haben, mit Büchern zu arbeiten, wurde sie nach dem Studium Bibliothekarin. Aber die Lust am Erzählen ließ sie nicht los und so arbeitete sie bald als freie Journalistin und verfasste Drehbücher und Theaterstücke, vorwiegend für

Kinder und Jugendliche. Inzwischen hat sie sich in Schweden auch als Film- und Fernsehkritikerin einen Namen gemacht.
Im Januar 1993 stieß Annika Thor bei der Recherche für einen ihrer Artikel auf eine kurze Notiz, die besagte, dass kurz vor dem Zweiten Weltkrieg 500 jüdische Flüchtlingskinder nach Schweden ausgewandert waren. Daraus entstand die Idee zu ihrem ersten Roman, *Eine Insel im Meer*, der 1996 in Schweden erschien. Er wurde für den renommierten August-Preis nominiert und 1999 mit dem Deutschen Jugendliteraturpreis ausgezeichnet. Es folgten drei Fortsetzungsbände, die die Geschichte der Schwestern Steffi und Nelli weitererzählen (*Eine Bank am Seerosenteich*, *In der Tiefe des Meeres*, *Offenes Meer* – alle als Hardcoverbände im Carlsen Verlag lieferbar).
Heute lebt Annika Thor, wenn sie nicht gerade unterwegs ist, um in Schulen und Bibliotheken im ganzen Land aus ihren Büchern und Stücken vorzulesen, in Stockholm.

Erzählstruktur und Sprache

Der Jugendroman *Eine Insel im Meer* umfasst 240 Seiten und ist in 40 Kapitel untergliedert.
Die Autorin hält sich darin stets an zwei Erzählprinzipien: Knappheit und Sachlichkeit. Die Sätze bestehen demnach auch zu einem sehr großen Teil aus kurzen Parataxen. Der Satzbau ist einfach und die Kapitel sind kurz. Die traurigen und nachdenklichen Ereignisse werden stets

mit schlichter, nüchterner Ernsthaftigkeit beschrieben. An keiner Stelle findet man tief gehende oder gar ausschweifende Gefühlsbeschreibungen. Die Dialoge sind knapp, ihre Aussagen jedoch authentisch und lebensnah. Gerade durch diese stilistische Knappheit löst die Autorin heftige Gefühlsregungen beim Leser aus, deren emotionale Komponenten durch die exakten und stimmigen skandinavischen Landschafts- und Klimabeschreibungen noch verstärkt werden. Damit versetzt die Autorin ihre Leser in die jeweils von ihr beabsichtigte Stimmung.
Eine Vielzahl von Rückblenden informiert den Leser über den zeitgeschichtlichen Hintergrund der Handlung. Aber auch hier hält die Autorin das Wissen des Lesers begrenzt, da die geschichtlichen Abläufe aus der Sicht eines 12-jährigen Mädchens wiedergegeben werden. Annika Thor verzichtet ganz und gar auf erläuternde Passagen oder den unmöglichen Versuch einer vollständigen Darstellung der historischen Ereignisse, sie lässt die Bilder für sich wirken.

Hauptmotivik und Hauptthemen

Hauptanliegen dieses Jugendromans ist es, die Lebenswirklichkeit zweier jüdischer Kinder einzufangen, deren Leben durch die Ereignisse der Vorkriegszeit in Österreich von heute auf morgen völlig aus den Fugen gerät. Obwohl sich die Handlung vor einem realen historischen Hintergrund abspielt und dieser häufig thematisiert wird, ist das zentrale Motiv jedoch ein anderes. Annika Thor geht es ganz allgemein um die Fragen, die ein Leben in einer fremden Umgebung, ein Anderssein als andere, die Konfrontation mit ungewohnten Lebensgewohnheiten, Bräuchen, einer anderen Sprache und einer anderen Religion aufwirft.

Während Nelli, die jüngere der beiden Schwestern, bereit ist sich auf Veränderungen einzulassen und diese zu akzeptieren, fällt Steffi die Integration schwer. Sie kapselt sich immer mehr ab und verbittert gleichzeitig durch diese Isolation. Steffis Lage ist allerdings auch grundsätzlich schwieriger: Ihre Mitschülerinnen verhalten sich ihr gegenüber fremdenfeindlich und ein äußerst lästiger Verehrer macht ihr das Leben schwer, weil er sie mit seiner plumpen, aufdringlichen Art immer wieder zur Zielscheibe des allgemeinen Gespötts macht.

Ein weiterer Aspekt ist Annika Thor in diesem Roman ganz wichtig: Sie stellt Oberflächlichkeiten und Vorurteile in Frage. Ganz deutlich macht sie das in der Anlage der beiden Pflegemutterfiguren. Auf den ersten Blick ist Tante Alma die nettere der beiden, Tante Märtas strenge und unterkühlte Art ist für Steffi dagegen eine große Belastung. Doch nach und nach muss das Mädchen feststellen, dass Märta die wertvolleren Charakterzüge besitzt.

Steffi hat so einen »Wechsel« schon einmal erlebt: War sie in ihrer Schule in Wien zunächst davon ausgegangen, dass ihre Lehrerin ihr uneingeschränkte Sympathie entgegenbrachte, so musste sie nach der geänderten politischen Lage feststellen, dass diese Sympathie wohl nur sehr oberflächlich gewesen sein konnte.

Annika Thor integriert all diese Themen und Motive in die Schilderung des Alltags und nimmt ihnen so jeglichen pädagogischen Fingerzeig. Nirgends lassen aufgesetzte dramatische Ereignisse an einer möglichen Authentizität der Handlung zweifeln.

Didaktische Überlegungen

Aufgrund seines Facettenreichtums ist dieser Roman bestens für den Einsatz im Deutschunterricht geeignet. Seine klare Struktur kommt besonders den Schülern entgegen, die in ihrer Freizeit kaum oder gar nicht lesen, sie kann eine Lesemotivation wecken, die über den Deutschunterricht hinausgeht.
Da die Geschichte aus der Perspektive eines 12-jährigen Mädchens erzählt wird, bietet *Eine Insel im Meer* ausreichend Identifikationsmöglichkeiten für die Zielgruppe.
Weiterhin ermöglicht die Vielschichtigkeit des Romans einen interessanten und vielseitigen Umgang mit der Lektüre. Neben den Themen Nationalsozialismus, Drittes Reich und seine Folgen für die jüdische Bevölkerung, die zentrale Bestandteile der Handlung sind und fächerübergreifend mit dem Fach Geschichte behandelt werden können, bietet die Beschreibung des alltäglichen Lebens weitere Anknüpfungspunkte zur Behandlung im Unterricht. Steffi muss sich mit vielen Problemen des Erwachsenwerdens auseinander setzen, die auch den Schülern von heute nicht fremd sind. In der Schule ist sie eine Außenseiterin,

weil sie anders ist als die anderen, sich anders verhält und eine andere Sprache spricht. Ihre Mitschülerinnen verhalten sich ihr gegenüber äußerst unkollegial und finden immer wieder Mittel und Wege, sie auszugrenzen, sie zu kränken und zu demütigen. Diese Art von Fremdenfeindlichkeit ist ein wichtiger Aspekt, der unbedingt im Unterricht behandelt werden sollte.
Viele Schüler verbringen inzwischen ein Jahr im Ausland – auch in diesem Zusammenhang ist die Beschäftigung mit dem Thema »fremd sein« interessant und sinnvoll.
Ein weiteres zentrales Anliegen der Autorin ist die kritische Betrachtung von Oberflächlichkeit, Vorurteilen und schnellen Aburteilungen. Durch die Auseinandersetzung mit den verschiedenen Personen des Romans verdeutlicht sie dem Leser, wie gefährlich und ungerecht es sein kann, sich vorschnell ein Bild von jemandem zu machen.
Nicht zuletzt lernen die Schüler durch die Lektüre dieses Romans das Land Schweden und die Lebensgewohnheiten und Bräuche seiner Bewohner kennen.

Methodische Anregungen und lektürebegleitende Aufgaben

Die vorgestellte Unterrichtseinheit dient als Leitfaden. Die durchnummerierten Stunden sind notwendig, um den Inhalt der Lektüre zu verstehen und angemessen mit ihm zu arbeiten. Die Einheit kann je nach Lust, Zeit und gewähltem Schwerpunkt um die ausgewiesenen »Zusatz«-Vorschläge erweitert werden. Natürlich können diese auch durch eigene Ideen ergänzt oder ersetzt werden.

Übersicht über die Unterrichtseinheit

Stunde	Thema	Arbeits- und Textgrundlagen	Verfahren/Unterrichtsgeschehen
1 (evtl. Doppelstunde)	Einstieg	Cover, 1. und 2. Kapitel	Brainstorming zum Titel/Cover, Nachspuren der Reiseroute von Steffi und Nelli (Atlas, Karte); textproduktives Verfahren: Fortsetzung
Zusatz	Zehn schwedische Wörter	3. Kapitel	Lesen und lernen von 10 schwedischen Vokabeln
2	Der Brief an die Eltern	4. und 5. Kapitel	Textproduktives Verfahren: Brief
3	Nelli und Steffi	6. und 7. Kapitel	Textproduktives Verfahren: vergleichende Tabelle
Zusatz	Der Hund und die Lehrerin	8. und 9. Kapitel	Vermutungen anstellen, Unterrichtsgespräch; Arbeitstechnik: Recherchieren

Stunde	Thema	Arbeits- und Textgrundlagen	Verfahren/Unterrichtsgeschehen
4 (fächerübergreifend mit dem Fach Religion/ Ethik)	Das Judentum	12. Kapitel	Exkurs Judentum, evtl. Referat / Film, o. ä.; Diskussion
Zusatz (fächerübergreifend mit dem Fach Musik)	Wien, die Stadt der Musik	14. Kapitel	Arbeitstechnik: Recherchieren
5	Sylvia und ihre Hofdamen	14. und 15. Kapitel	Szenische Gestaltung: Rollenspiel; textproduktives Verfahren: Personenkonstellation
Zusatz	Das Hitlerbild	15. und 16. Kapitel	Textproduktives Verfahren: Fragen beantworten
6	Mimi	17. Kapitel	Textproduktives Verfahren: Fragen beantworten
Zusatz	Das Lucia-Fest	18. Kapitel	Hintergrundinformationen; visuelle und szenische Gestaltung: Wahl der Lucia
7	Steffis Wanderung	23. Kapitel	Exkurs: Hilfskompass; textproduktives Verfahren: Fortsetzung

Stunde	Thema	Arbeits- und Textgrundlagen	Verfahren/Unterrichtsgeschehen
Zusatz	Ostern	27. Kapitel	Osterbräuche; visuelle Gestaltung: Malen eines Bildes
8	Nelli	27. Kapitel	Textproduktives Verfahren: Tagebucheintrag
Zusatz	Der Reichsmann	29. Kapitel	Textproduktives Verfahren: Brief verfassen
Zusatz	Der Angriff	30. Kapitel	Arbeitstechnik: Nachschlagen und Recherchieren
9	Vera und das Fahrrad	32. und 33. Kapitel	Vermutungen in einem Unterrichtsgespräch äußern, Veras Verhalten reflektieren
Zusatz	Die Rede	34. Kapitel	Textproduktives Verfahren und szenische Gestaltung: Rede verfassen und versuchen sie zu halten
10	Sven	36. Kapitel	Textproduktives Verfahren: Szene aus Svens Perspektive schreiben (Ich-Perspektive)
11	Die andere Tante Märta	38. Kapitel	Szenische Gestaltung: Rollenspiel, Arbeit am Text
12	Das Ende der Welt	40. Kapitel	Abschlussdiskussion
Vorschläge für mögliche Klassenarbeiten			

- Lassen Sie die Schüler ein gesondertes Heft zu dieser Unterrichtseinheit anlegen, in das sie alles hineinschreiben, -malen und -zeichnen sollen, was in Zusammenhang mit der Lektüre steht. Dies können auch freiwillige Arbeiten sein.
- Während der Lektüre bietet es sich an, die letzten ca. fünf Seiten dieses Heftes für eine selbst zu erstellende Zeittafel freizuhalten. Im Text werden immer wieder geschichtlich bedeutsame Ereignisse angesprochen. Diese sollten im Laufe der Lektüre farbig unterstrichen und dann stichwortartig zusammen mit der im Text vermerkten Zeitangabe festgehalten werden (z. B. S. 74: Reichskristallnacht). Die Schüler können diesen Eintrag jederzeit um weitere (Hintergrund-)Informationen ergänzen (z. B. das genaue Datum, Anlass, Verantwortliche, Betroffene, Folgen). Sie befassen sich so noch intensiver mit diesem Abschnitt der Geschichte und besitzen am Ende der Unterrichtseinheit eine selbst erstellte Übersicht der Geschehnisse, die natürlich keinem Anspruch auf Vollständigkeit gerecht werden soll. Die Zeittafel kann jederzeit durch zusätzliche Daten und Fakten des Zeitraums zwischen 1938 und 1940 ergänzt werden.
  Weiterhin können Sie eine freiwillige Schülergruppe mit der Erstellung einer großen Zeittafel beauftragen, die dann im Klassenraum aufgehängt werden kann.
- Folgender lektürebegleitender Vorschlag ist vorwiegend für eine differenzierte Personenbetrachtung nützlich und wichtig. Zu Beginn des Textes stellt Annika Thor

eine gefühlskalte und harte Tante Märta einer warmherzigen Tante Alma gegenüber. Im weiteren Verlauf der Handlung modifiziert sie diese Charakterisierungen. Es lohnt sicher daher, diese beiden Frauenfiguren und ihre Entwicklung genauer zu betrachten.

Lassen Sie die Schüler dazu eine Tabelle im vorderen Teil ihres Heftes anlegen. Die linke der beiden Spalten sollte die Überschrift »Tante Märta« und die rechte die Überschrift »Tante Alma« tragen. Im Laufe der Lektüre können die Schüler hier nun entweder direkt im Text beschriebene Eigenschaften oder Informationen, die über die beiden Frauen gegeben werden, eintragen (wie z. B. *besorgt* oder *zärtlich*, *jünger*, usw.) oder kurz die Situationen und die darauf folgenden Reaktionen zusammenfassen, die indirekt über eine Charaktereigenschaft Auskunft geben. Diese Liste sollte im Laufe der Unterrichtseinheit immer wieder angesprochen und kann während einer möglichen Klassenarbeit zu diesem Thema zurate gezogen werden.

- Lassen Sie die Schüler eine Collage erstellen – das wirkt sich erfahrungsgemäß positiv auf die Lesemotivation aus und hält sie dazu an, sich noch intensiver mit dem Text zu beschäftigen, aber auch ihre eigenen Gedanken, Gefühle und Vorstellungen mit einzubringen.

  Folgende Themen können Sie zu einer Umsetzung als Collage anbieten:

  Vorschlag A: Im Text werden immer wieder die Gegensätze zwischen der Weltstadt Wien und der Einöde der Insel angesprochen. Die Schüler sollen diese Gegen-

sätze in ihrer Collage deutlich zum Ausdruck bringen. Mögliche Motive könnten die unterschiedliche Oberflächengestaltung der Landschaften, die Vegetation, die Menschen usw. sein. Interessant wird es, wenn sie ein Bild der Protagonistin (siehe Cover oder lassen Sie die Schüler ein Mädchen, das ihren eigenen Vorstellungen von Steffi entspricht, aus einer Zeitschrift ausschneiden) mit in die Collage einarbeiten.
Vorschlag B: Für Steffi ist die Insel das »Ende der Welt«. Lassen Sie die Schüler in ihrer Collage ausdrücken, was für sie das »Ende der Welt« ist. Hierbei sind sehr unterschiedliche Realisierungen möglich.
Die Collagen sollten in Gruppen erstellt werden und nach ihrer Fertigstellung vor der Klasse präsentiert und gemeinsam besprochen werden.
Selbstverständlich kann dies auch fächerübergreifend mit dem Fach Kunst geschehen.
Im weiteren Verlauf der Unterrichtseinheit können neue Eindrücke, die durch die weitere Lektüre des Buchs entstanden sind, in die Collage eingearbeitet werden.

- Falls Sie Erdkunde bzw. GSW in der Klasse unterrichten, bietet sich ein Länderkunde-Exkurs zum Thema Schweden an (Lage, Größe, Ausstattung des Naturraumes usw.). Entweder stellen Sie selbst Informationsmaterialien und z.B. Reiseprospekte zur Verfügung oder lassen das die Schüler, z.B. durch Recherche im Internet, machen. Die gefundenen Bilder, Texte usw. können auf Plakate geklebt und in der Klasse aufgehängt werden.

Unterrichtsvorschläge zu den einzelnen Stunden

1. Stunde: Einstieg (evtl. Doppelstunde)

Arbeitsgrundlage: Cover / Textgrundlage: 1. und 2. Kapitel

- Da der Titel des Buches sowie das Cover sehr viele Emotionen beim Betrachter auslösen, ist es für das weitere Unterrichtsgeschehen wichtig, sich diese Gefühle bewusst zu machen und sie in Worte zu fassen. Dafür eignet sich am besten ein Brainstorming. Teilen Sie die Klasse in zwei Gruppen ein. Die eine Gruppe sollte sich mit dem Titel, die andere mit dem Titelbild auseinander setzen. Zunächst sollte aber jeder Schüler seine eigenen Gedanken und Assoziationen notieren. Teilen Sie die Tafel in zwei Hälften. Befestigen Sie eine vergrößerte Kopie des Covers auf der einen Hälfte und schreiben Sie den Titel des Buches auf die andere. Lassen Sie die Schüler ihre Begriffe um die Kopie bzw. um den Titel herumschreiben.
  Sortieren Sie anschließend die Assoziationen: Gibt es nur positive oder auch negative? Aus welchem Bereich kommen sie? Bestehen Unterschiede zwischen Titel und Cover? Wenn ja, welche?

- Machen Sie den Schülern die Entfernung bewusst, die die beiden Mädchen zurücklegen mussten. Im Text findet man auf s. 9 folgenden Hinweis dazu: »Seit gestern Morgen ist das enge Zugabteil ihr Zuhause gewesen. Die

vielen Kilometer von Bahngleisen sind wie ein Band, das bis nach Wien reicht, zu Mama und Papa«.
Mithilfe einer Europakarte und unter Berücksichtigung des Maßstabs können die Schüler die Entfernung zwischen Wien und Göteborg ausrechnen. Machen Sie den Schülern deutlich, dass eine Zugreise zur damaligen Zeit wesentlich länger dauerte als heute.
Jede Schule verfügt über Kopiervorlagen einer Europakarte. Kopieren Sie diese und lassen Sie das »Band«, das Steffi und Nelli von ihren Eltern trennt, von den Schülern einzeichnen.
Die Karte kann auf der ersten Seite des Heftes eingeklebt werden. Im Laufe der Unterrichtseinheit können die Schüler immer wieder darauf zurückgreifen, um sich die Lage der verschiedenen Orte zu vergegenwärtigen und sie einzuzeichnen.

- Steffi beschreibt Nelli die Insel. (S. 13, 15)
  Interessant ist es, diese Beschreibungen stichwortartig aufzulisten und mit den Ergebnissen des Brainstormings der Klasse zu vergleichen. Sehr wahrscheinlich wird es zahlreiche Übereinstimmungen geben.
  Wie kommt Steffi zu diesem inneren Bild und wie hoch ist die Wahrscheinlichkeit, dass es dort wirklich so aussieht?

- Durch all diese Vorüberlegungen und die intensive Beschäftigung mit den Vorstellungen der Schüler und denen von Steffi hat sich die gespannte Erwartung darauf, was die Schwestern nun wirklich in der fremden Umgebung antreffen, erhöht. Um diese Spannung kreativ umzusetzen, sollten die Schüler am Ende der Lektüre des 2. Kapitels (S. 17) eine Fortsetzung dieses Kapitels (eventuell als Hausaufgabe) schreiben.

Zusatz: Zehn schwedische Wörter
Textgrundlage: 3. Kapitel

- »Sie schaffen es, zehn schwedische Wörter zu lernen.« (S. 22)
  Um die Lesemotivation und die Identifikation der Schüler mit den beiden Protagonistinnen zu verstärken, sollten sie versuchen, die folgenden schwedischen Wörter zu lernen, die vielleicht auch Steffi und Nelli bei ihrem ersten Kaffeetrinken in diesem ihnen völlig fremden Land begegnet sind.

Deutsch	**Schwedisch**	**Lautschrift**
Wie bitte?	Ursäkta?	ühr**schäkta**
ja	ja	jah
nein	Nej	nej
Danke	Tack	takk
Bitteschön	… var så god.	**wah**schoh **guh(d)**
Morgen	m**or**gon	**morr**on
Hallo!	Hej!	hej

Deutsch	**Schwedisch**	**Lautschrift**
Wie geht's?	Hur är det?	hühr**eh** deh
Brot	Bröd	bröhd
Auf Wiedersehen	Hej då	hej**doh**

2. Stunde: Der Brief an die Eltern

Textgrundlage: 4. und 5. Kapitel

- Lassen Sie die Schüler zunächst nur bis S. 30 lesen. Steffi schreibt einen Brief an ihre Eltern. Was und wie wird sie wohl schreiben? Wird sie die Eltern beruhigen wollen und deshalb ein wenig lügen und ihre Lage beschönigen oder wird sie ihnen die Wahrheit schreiben? Die Schüler sollen sich in Steffis Lage versetzen und diesen Brief schreiben. Lassen Sie die Briefe anschließend vorlesen. Jeder Schüler sollte kurz begründen, warum er sich für die eine oder die andere Variante entschieden hat.
  Vergleichen Sie anschließend mit den Schülern den Originalbrief von Steffi mit ihren eigenen Briefen.

3. Stunde: Nelli und Steffi

Textgrundlage: 6. und 7. Kapitel

- Die Diskrepanz zwischen dem neuen Leben von Steffi und dem ihrer Schwester Nelli wird im Text sehr deutlich.

Die Schüler sollen eine zweispaltige Tabelle über eine gesamte Heftseite anlegen. In die eine Spalte soll das Verhalten von Nelli, in die andere das von Steffi eingetragen werden.
Da sich die unterschiedliche Entwicklung der beiden Mädchen im Laufe der Geschichte noch verstärken wird, sollte die Tabelle immer wieder ergänzt werden.
Lassen Sie die Schüler anschließend in einem Unterrichtsgespräch über die Szene diskutieren, in der Steffi ihre Schwester mit Kies bewirft. Warum tut sie das und warum verhält sie sich auch später ähnlich? Lassen Sie die Schüler diese Szenen heraussuchen.

Zusatz: Der Hund und die Lehrerin
Textgrundlage: 8. und 9. Kapitel

- Warum hat Steffi den Hund mitgenommen?
  Lassen Sie die Schüler ihre Vermutungen darüber äußern.

- Zu den lektürebegleitenden Vorschlägen:
  Lassen Sie von den Schülern das genaue Datum herausfinden, an dem die Deutschen in Wien einmarschiert sind.
  Onkel Evert war schon einmal in Hamburg, Bremerhaven und Amsterdam. Diese Orte können in der Europakarte farbig markiert und eingetragen werden.

- Die Schüler sollen die Beziehung zwischen Steffi und ihrer ehemaligen Lehrerin anhand folgender Fragen klären:
  Warum hat sich die Lehrerin so verhalten?
  War sie gezwungen so zu handeln oder hätte es für sie einen Ausweg gegeben?
  Hatte die Lehrerin Steffi wirklich gern?

4. Stunde (fächerübergreifend mit den Fächern Religion / Ethik): Das Judentum

Textgrundlage: 12. Kapitel

- An dieser Stelle der Unterrichtseinheit sollten Sie einen Exkurs zum Thema Judentum anbieten. Entweder verteilen Sie bereits im Vorfeld Referate zu diesem Thema oder Sie bringen sich selbst etwas stärker mit ein. Gute und besonders anschauliche Informationsquellen sind die Filme der Kreisbildstellen.
  Interessant ist ein Vergleich Judentum / Christentum. Welche zentralen Glaubensregeln, Riten, Bräuche machen beide Religionen aus?
  Im Text werden die »großen Festtage« und u.a. das »Versöhnungsfest« angesprochen. Lassen Sie die Schüler folgende Fragen (z.B. durch Recherche im Internet) beantworten:
  a) Welche großen Festtage gibt es im Judentum?
  b) Was ist das Versöhnungsfest und wie wird es gefeiert?

- Wichtig ist es, diesem kleinen Exkurs ein Unterrichtsgespräch oder eine Diskussion anzuschließen, in dem folgende Fragen zur Sprache kommen:
  Wie findet ihr es, dass sich die Mädchen taufen lassen?
  Ist das als Verrat an ihrem eigentlichen Glauben anzusehen?
  Glauben Steffi und Nelli jetzt ›anders‹?
  Welche Rolle spielt der Festakt der Taufe dabei oder geht es nur um den inneren Glauben?

Zusatz (fächerübergreifend mit dem Fach Musik): Wien, die Stadt der Musik
Textgrundlage: 14. Kapitel

- Die Schüler sollen in der Europakarte die Grenzen von Österreich und Deutschland vor und nach der Besetzung eintragen.

- »Hier liegt Wien, die Hauptstadt der Musik«. (S. 86) So stellt Frau Bergström den Schülern die Stadt vor.
  Die Schüler sollen sich in die Lage der Lehrerin versetzen: Wenn sie nach dieser Einführung von einem Schüler gefragt worden wäre, warum Wien die Hauptstadt der Musik ist, was hätte Frau Bergström darauf wohl geantwortet? Lassen Sie die Schüler dazu (evtl. als Hausaufgabe) Recherchen anstellen.

5. Stunde: Sylvia und ihre Hofdamen

Textgrundlage: 14. und 15. Kapitel

- Die Schüler sollen in Gruppen ein Rollenspiel vorbereiten. Als Grundlage dienen die S. 88 Mitte bis 89 unten. Folgende Rollen müssen vergeben werden: Steffi, Vera, Sylvia, Babro und mindestens noch eine weitere »Hofdame«. Nachdem das Rollenspiel vorbereitet und geübt wurde, können es die Schüler der gesamten Klasse vorstellen.

- Lassen Sie die Schüler ein Schaubild erstellen, das die Personenkonstellation deutlich macht: Stephanie zentral angeordnet, die Namen Sylvia, Svante, Vera, Britta und Nelli sternförmig mit je einem Pfeil zu »Steffi« verbunden.
  In Stichworten soll unter jedem der Namen die Einstellung der jeweiligen Person gegenüber Steffi eingetragen werden.

Zusatz: Das Hitlerbild

Textgrundlage: 15. und 16. Kapitel

Svante ← | (Hitlerbild, eventuell aus Geschichtsbuch kopieren und hier einkleben) | → Steffi

- Svante schenkt Steffi ein Hitlerbild.
  Die Schüler sollen zu dieser Szene folgende Fragen schriftlich beantworten:

Warum schenkt Svante Steffi das Bild?
Was bedeutet das Hitlerbild für Steffi?

- Onkel Evert und Steffi spielen »Schiffe versenken«. Warum ist es makaber, dass Onkel Evert gerade dieses Spiel vorschlägt?

6. Stunde: Mimi

Textgrundlage: 17. Kapitel

- Als der Porzellanhund zerbricht, zerbricht auch ein Teil von Steffis neuer Welt.
  Die Schüler sollen zu dieser Szene folgende Frage schriftlich beantworten:
  Inwiefern trifft der Satz: »So viele kleine Teile lassen sich nicht wieder zusammensetzen« (S. 109) auch auf Steffis Situation zu?

Zusatz: Das Lucia-Fest

Textgrundlage: 18. Kapitel

Das Lucia-Fest hat seinen Ursprung in einer alten Legende. Sie berichtet von einer Frau, die sich die Augen ausstach, um sie einem heidnischen Mann zu schenken, der sich in diese Augen verliebt hatte. Der Mann wurde daraufhin Christ und Lucia erhielt von Gott zum Dank noch schönere Augen als zuvor. In Syrakus soll sie um das Jahr 300 n. Chr. den Märtyrertod durch das Schwert gestorben sein, nachdem das Feuer des Scheiterhaufens ihr nichts hatte anhaben können. Ihr Heiligentag ist der 13. Dezember, an dem ganz Schweden das Lucia-Fest feiert.

- Steffi schlägt vor, dass Vera die Rolle der Lucia übernimmt.
  Analog zum Textgeschehen soll jeder Schüler seine Vermutung, wer als Lucia gewählt wird, ebenfalls auf einen Wahlzettel schreiben. Sammeln Sie die Zettel ein und werten Sie sie an der Tafel aus. Auf welches Ergebnis kommt die Klasse?
  Versuchen Sie im anschließenden Unterrichtsgespräch folgende Fragen zu klären, die sich aus dem Text ergeben:
  Warum ist Vera so sauer auf Steffi?
  Was meint Vera, wenn sie sagt, dass Steffi alles kaputtgemacht hat?
  Wenn Sylvia angeblich so passend für die Rolle ist und ebenso beliebt, warum hat sie die Wahl nicht gewonnen?

7. Stunde: Steffis Wanderung

Textgrundlage: 23. Kapitel

- Steffi hat den Kompass auf dem Holm verloren. Sie hätte aber noch auf eine andere Art die Himmelsrichtung bestimmen können: mit ihrer Armbanduhr.
  Kopieren sie den folgenden Text, besprechen Sie ihn im

Unterricht und gehen Sie anschließend mit Ihren Schülern nach draußen, um diese Art der Orientierungshilfe selbst auszuprobieren.

Die Uhr als Hilfskompass

In unseren Breiten geht die Sonne ungefähr im Osten auf. Sie steht um die Mittagszeit im Süden und wandert bis zur Dämmerung nach Westen. Wenn man die Uhrzeit weiß, kann man sich ungefähr orientieren. Mit einer Armbanduhr lässt sich die Himmelsrichtung genauer bestimmen: Richtet den kleinen Zeiger auf die Sonne und peilt die Mitte zwischen dem kleinen Zeiger und der Zwölf an – vormittags im Uhrzeigersinn, nachmittags gegen den Uhrzeigersinn. Diese Stelle zeigt dann ungefähr an, wo Süden ist.

- Steffi befindet sich in einer äußerst gefährlichen Situation: Es ist nicht nur sehr kalt, sondern auch noch dunkel, so dass die Gefahr besteht, dass sie in ein Eisloch einbricht. »Weit entfernt blinkt das rote Licht eines Leuchtfeuers.« (S. 159)
  Was erwartet Steffi wohl noch in dieser Nacht?
  Die Schüler sollen sich in ihre Situation hineinversetzen und eine Fortsetzung dieser Szene schreiben. Anschließend können sie die Ergebnisse in Gruppen vorstellen und besprechen. Stellen Sie die Texte in der Klasse aus; das macht nicht nur neugierig auf die Fortsetzungen der Mitschüler, sondern würdigt auch die einzelnen Texte noch einmal ganz besonders.

Zusatz: Ostern
Textgrundlage: 27. Kapitel

- Besonders wenn Sie Religion unterrichten oder Sie *Eine Insel im Meer* gerade zur Osterzeit in Ihrer Klasse lesen lassen, sollten Sie einen Exkurs zum Thema Osterbräuche (Osterfeuer, Osterhexe, Osterhase) anbieten. Nicht jedem Schüler sind diese Bräuche heute noch vertraut. Das Christentum hat im Laufe der Jahre einige heidnische Bräuche übernommen. Welche sind das und wie kam es zu dieser Adaption?

- In der Szene mit der Lichterkette gelingt der Autorin eine sehr anschauliche Landschaftsbeschreibung. Greifen Sie dieses Motiv im Kunstunterricht auf und lassen Sie es von den Schülern malen.

8. Stunde: Nelli
Textgrundlage: 27. Kapitel

- Nelli wurde wieder einmal von ihrer großen Schwester zurechtgewiesen. Frustriert vertraut sie sich ihrem Tagebuch an.
  Wie würde der Eintrag für diesen Tag wohl lauten? Die Schüler sollen ihn in der Ich-Form verfassen.

Zusatz: Der Reichsmann
Textgrundlage: 29. Kapitel

- Der Reichsmann antwortet Onkel Evert mit einem Schreiben. Der Text gibt einige Informationen über den Inhalt des Briefs wieder und zitiert daraus (S. 173). Lassen Sie die Schüler den Begriff »Restriktivität« nachschlagen und diskutieren Sie im Unterrichtsgespräch über Form und Stil eines solchen Briefes. Anschließend sollen die Schüler den Brief selbst verfassen und dabei die zitierte Textpassage mit einbauen.

Zusatz: Der Angriff
Textgrundlage: 30. Kapitel

- Falls Sie sich für das Anlegen der Zeittafel entschieden haben, gibt dieses Kapitel den Schülern die Möglichkeit, einiges herauszufinden und in die Zeittafel einzutragen. Es beinhaltet Informationen über den Angriff der Deutschen auf Dänemark und Norwegen. Lassen Sie das genaue Datum des Angriffs und nähere Informationen darüber von den Schülern recherchieren.

9. Stunde: Vera und das Fahrrad

Textgrundlage: 32. und 33. Kapitel

- Steffi lernt das Fahrradfahren.
  Was bedeutet das in Bezug auf ihr Seelenleben?

- Lassen Sie die Schüler über das Verhalten von Vera diskutieren: Warum hat sie Steffi verraten?

Zusatz: Die Rede

Textgrundlage: 34. Kapitel

- Der Oberlehrer hält zur Schulentlassung eine Rede.
  In einem ersten Arbeitsschritt sollen die Schüler die Zitate aus der Rede unterstreichen. Anschließend sollen sie in Partnerarbeit weitere Stichwörter suchen, die in der Rede hätten vorkommen können. Die Schüler sollten versuchen die Rede vor ihrem Partner zu halten. Schülern, denen das besonders gut gelingt, sind vielleicht auch dazu zu bewegen, vor der Klasse in die Rolle des Oberlehrers zu schlüpfen.

10. Stunde: Sven

Textgrundlage: 36. Kapitel

- Sven, der besonders im Folgeband eine große Rolle spielt, erkennt Steffis Isolation.

Lassen Sie die Schüler folgende Fragen beantworten: Wie sieht er ihre Situation und welche Ratschläge gibt er ihr?

- Die Schüler sollen diese Szene aus der Perspektive von Sven schreiben (in der Ich-Form).

- Da Sven über Ernest Hemingway spricht, sollten zumindest einige Hintergrundinformationen über diesen Schriftsteller zusammengestellt werden (Lebensdaten, Werke, besondere Ereignisse in seinem Leben).

11. Stunde: Die andere Tante Märta

Textgrundlage: 38. Kapitel

- Vera findet endlich den richtigen Weg und erzählt Tante Märta von den Ereignissen, unter denen Steffi zu leiden hatte.
  Diese Szene lässt sich sehr gut als Rollenspiel umsetzen. Die Schüler sollen sich zuvor genau überlegen, wie Tante Märta wohl zunächst auf Veras Erscheinen und dann auf ihre Offenbarungen reagiert.

- Lassen Sie das Kapitel auf folgende Fragen hin untersuchen und die entsprechenden Textstellen unterstreichen.
  Woran wird deutlich, dass sich Tante Märta anders verhält als sonst?

- Falls Sie die Tabelle »Tante Märta ⇔ Tante Alma« von den Schülern haben anlegen lassen, können Sie diese jetzt aufgreifen und besprechen. Tante Märtas scheinbar so kühle Art soll von den Schülern mit der Beantwortung folgender Fragen thematisiert werden:
  Ist Tante Märta eine gefühlskalte Person?
  Warum kann Tante Märta Steffi ihre wirklichen Gefühle lange Zeit nicht zeigen?

12. Stunde: Das Ende der Welt

Textgrundlage: 40. Kapitel

- Abschlussdiskussion:
  Warum meint Steffi plötzlich nicht mehr am »Ende der Welt« zu sein?

- Vielleicht haben Sie im Vorfeld eine Schülerin / einen Schüler ausfindig machen können, die / der freiwillig den Folgeband *Die Bank am Seerosenteich* liest. Sie oder er könnte das Buch kurz vorstellen, sollte dabei allerdings noch nicht zu viel über den Inhalt verraten.

Vorschläge für mögliche Klassenarbeiten

Es bieten sich nach der Durchführung dieser Unterrichtseinheit zwei unterschiedliche Aufsatzthemen für eine Klassenarbeit an.

1. Das Verfassen einer Personenbeschreibung.
Als zu beschreibende Personen bieten sich die Figuren Steffi oder Tante Märta an, da ihre Charaktereigenschaften immer wieder im Unterricht thematisiert und besprochen wurden.
Die Schüler sollten auf jeden Fall das Buch und die jeweilige Tabelle nach Ihrem Ermessen benutzen dürfen.

2. Das Verfassen einer Szene aus der Ich-Perspektive, die mehr persönliche Gedanken zulässt als der Originaltext.
Dazu eignet sich die Ankunftsszene auf der Insel (S. 17 – S. 20, Z. 21) besonders gut. Sie kann z. B. aus Steffis Perspektive (Ich-Form) geschrieben werden. Welche Gedanken gehen ihr durch den Kopf, als sie an Land geht, etc.?

Unterrichtsmodell für die Klassen 5–7

Stundenaufwand ca. 13 Unterrichtsstunden

Abbing & van Cleeff
Yacca Fieber

256 Seiten
ab 12 Jahren
Umschlagbild von Fred Dott
Carlsen Taschenbuch
ISBN 3-551-35134-1

Behandelte Themen in Stichworten:

- Trends
- Verhalten in der Gruppe / Gruppenzwänge
- Verführbarkeit

Leseprobe

Sam Mittwoch, 14. November

Lena hat wirklich Recht. Die Yacca-Kinder benehmen sich immer blöder. Anfangs hatte man einfach eins und spielte damit. Hatte jemand ein Jodfläschchen mit einem Straußenbild im Deckel erwischt, fand die ganze Klasse das gut. Wir wussten von jedem Einzelnen, auf welcher Stufe er schon stand. Aber sobald sie über Stufe zwölf kommen, werden sie unerträglich. Jedes Yacca-Kind wartet in der Schule nur noch auf die Pause. Dann setzen sie sich alle zusammen und spielen schweigend mit ihren Yaccas.

Heute saß die ganze Meute auf der Haupttreppe der Schule. Es sind mittlerweile schon ungefähr vierzig Kinder, also kam niemand mehr so richtig an ihnen vorbei. Ich war extra zu ihnen gegangen, um zu sehen, ob irgendetwas Besonderes an ihnen war. Ich sah nichts – keine abstehenden Ohren, Stupsnasen oder Muttermale. Nicht mehr Geschwüre, als man sie überall sehen kann. Einfach eine Gruppe stinknormaler Kinder, außer dass sie einen nur glasig angucken, wenn man sie anspricht. Manchmal sieht man ihre Hand in der Tasche zucken.

Auf der Haupttreppe war es so still, dass alle Frau Londo kommen hörten: Das Rauschen ihres Seidenkleides kam immer näher.

Am Fuß der Treppe blieb sie stehen. Eine ganze Weile schaute sie die Yacca-Gruppe an. Dann sagte sie zu einem Kerlchen, das zufällig neben ihr stand: »Bert, geh bitte mal zum Hausmeister und hole einen großen Karton. Und beeil dich bitte.«

Absolutes Schweigen.
Frau Londo stellte den Karton vor sich auf den Boden.
Sehr ruhig und beherrscht ordnete sie an: »Ihr steht jetzt alle auf. Dann legt ihr euer Yacca hier in diesen Karton und geht augenblicklich in eure Klasse. Nach der Schule könnt ihr die Yaccas bei mir abholen und sie mit nach Hause nehmen. Danach dürft ihr sie nicht mehr bei euch haben – weder in der Schule noch auf dem Hof.«
Keiner rührte sich.
»Und ich füge hinzu, dass jeder, den ich von jetzt an noch mit einem Yacca sehe, augenblicklich von der Schule verwiesen wird, und zwar ohne Pardon. Und jetzt beeilt euch ein bisschen, ich habe heute noch mehr zu tun.«

aus: Abbing & van Cleeff: Yacca Fieber, Carlsen Verlag GmbH, Hamburg 2002 (Taschenbuchausgabe)

Inhalt

»Was ist ein Yacca? Wie funktionieren diese Dinger eigentlich?
Das fragt sich allmählich jeder.«

In der Schule von Sam und Feya ist ein merkwürdiges Spielzeug in Mode gekommen: die Yaccas – kleine elektronische Geräte, eine Mischung aus Gameboy und Tamagotchi. Die Kinder, die eines dieser Geräte besitzen, werden von ihm völlig in den Bann gezogen und interessieren sich

für nichts anderes mehr, das Erreichen des nächsten Levels ihres Yaccas ist das Einzige, was noch zählt. Die Lehrer stehen diesem Trend ohnmächtig gegenüber. Sie müssen mit ansehen, wie auch leistungsstarke Schüler in eine Art Trancezustand verfallen, aus dem sie keiner herauszuholen vermag. Schließlich verschwinden die Yacca-Kinder auch noch spurlos.
Sam und Feya wollen hinter das Geheimnis der Yaccas kommen. Sie vermuten, dass der Pharmakonzern Pharmayaca, der dieses Spielzeug auf den Markt gebracht hat, etwas mit dem Verschwinden ihrer Mitschüler zu tun hat. Feya schleust sich in die Fabrik ein und wird Zeuge davon, wie an den Kindern medizinische Tests durchgeführt werden. Doktor Brandt, der Besitzer des Pharmakonzerns, hat ein Mittel gegen Geschwüre entwickelt, das jedoch noch zu starke Nebenwirkungen hervorruft. Da es ihm aber nicht gelingt, diese Nebenwirkungen zu verringern, rückt der ausgeschriebene Preis für ein solches Medikament in unerreichbare Ferne. So leitet er »Plan Exit« ein, einen Plan, der vorsieht alle Beweismittel zu vernichten und die Kinder, die er in der Fabrik gefangen hält, zu töten. Doch Sam und Feya verhindern das: Es gelingt ihnen, die Yaccas zu zerstören und die Kinder zu befreien.

Die Autorinnen

Abbing & van Cleeff, 1946 und 1955 geboren, sind zwei Schriftstellerinnen, die nach ihrem Studium der niederländischen Philologie zunächst Artikel für verschiedene Tageszeitungen verfassten, bis sie auf die Idee kamen, zusammen ein Jugendbuch zu schreiben. So entstand *Yacca Fieber*, das in der ungewöhnlichen Form zweier Tagebücher verfasst ist und prompt ein großer Erfolg wurde. Wie sie es schaffen, zu zweit zu schreiben, bleibt jedoch ihr Geheimnis. Fest steht, dass sie sich nicht nur gegenseitig ziemlich gut kennen, sondern auch die Welten in ihren Büchern. Beide sind sich über die kleinsten Details in ihrer jeweiligen Fantasie-Welt einig, auch wenn diese Einzelheiten gar nicht alle in den Büchern auftauchen.

Erzählstruktur und Sprache

Schon im Vorwort wird der Leser darauf hingewiesen, dass dieses Buch als Erzählform das Tagebuch wählt:
»Dies ist die Geschichte von Sam und Feya und ihren Tagebüchern. Sie haben angefangen zu schreiben, als die ersten Yaccas in der Schule auftauchten. Erst als alles vorüber war, legten sie ihre Tagebücher nebeneinander. Aus den beiden Tagebüchern wurde dieses Buch. Du liest abwechselnd in Feyas Samtbuch mit dem silbernen Schloss und in Sams dickem, grauen Heft. Gemeinsam berichten sie ihre Erlebnisse.«

Die Autorinnen setzen so die Besonderheit des gemeinsamen Schreibens um und verleihen den beiden Ich-Erzählern eine große Authentizität. Nicht klar wird allerdings,

ob sich die Autorinnen jeweils einer Perspektive fest angenommen haben.
Tagebuchspezifisch ist auch, dass Abbing & van Cleeff ihre beiden Protagonisten nicht nur berichten lassen, was geschieht, vielmehr reflektieren und interpretieren Sam und Feya die Ereignisse. Dem Leser wird dadurch das Gefühl vermittelt, dass die beiden Kinder erst durch den Prozess des Niederschreibens den Machenschaften und Taktiken des Pharmakonzerns auf die Schliche kommen. Er ist direkt an diesem Prozess beteiligt, was wesentlich zum Spannungsaufbau beiträgt.
Die Spannung wird weiterhin dadurch verstärkt, dass die Zeitabstände der Tagebucheintragungen mit der Zuspitzung der Ereignisse immer kürzer werden, von mehreren Tagen bis zu wenigen Stunden. Zunächst schreiben Sam und Feya ihre Tagebücher für sich selbst, doch gegen Ende der Handlung erfährt Sam genauso wie der Leser erst durch Feyas Tagebuch von den Ereignissen. Wiederum ein Mittel der Autorinnen, um den Leser so dicht wie möglich in die Geschehnisse mit einzubeziehen, ihn quasi zu einem Teil der Handlung selbst zu machen.
Im letzten Kapitel des so erzählerisch vorbereiteten Countdowns verschmelzen dann auch die beiden Protagonisten zu einem Erzähler: Sam und Feya schreiben gemeinsam den letzten Eintrag.
Die Sprache zeichnet sich durch einen einfachen Satzbau aus, der durch zahlreiche Parataxen gekennzeichnet ist und dadurch selbst ungeübte Leser nicht überfordert.

Hauptmotivik und Hauptthemen

Hauptthemen in diesem Buch sind Verführbarkeit durch Massentrends, das Phänomen des »Dabei-Sein-Wollens«, des Gruppenzwangs und in diesem Zusammenhang die Entwicklung einer eigenen Persönlichkeit und eines Selbstbewusstseins, das immun gegen diese Verführungen macht und ein »Nein-Sagen-Können« ermöglicht.

Ein weiteres Motiv ist das der Familie, denn in den Tagebuchaufzeichnungen der beiden Kinder spielen neben den Ereignissen um die Yaccas auch private Erlebnisse und die unterschiedlichen Lebenssituationen von Sam und Feya eine wesentliche Rolle.

Da die Yaccas in dieser Erzählung als Köder eines Pharmakonzerns fungieren, bieten sich innerhalb der Unterrichtseinheit auch Exkurse zu den Themenkomplexen: »Medizinische Versuche mit Tieren und Menschen« oder »Pharmaindustrie« an.

Didaktische Überlegungen

Yacca Fieber eignet sich, auch wegen des Alters der beiden Protagonisten, für die Lektüre in den Klassen 5 und 7. Das Buch ist überaus spannend geschrieben und stärkt so die Lesemotivation. Darüber hinaus bieten sich Sam und Feya als Identifikationsfiguren sowohl für Mädchen als auch für Jungen an. Zusätzlich sind Handlung und Text zeitnah und spiegeln die Lebenswirklichkeit der Schüler wider, denn auch sie müssen sich mit ständig wechselnden Mo-

detrends auseinander setzen, von denen die Tamagotchis nur der Anfang waren. Inzwischen sind ihnen die Gameboys, Pokemons und Handys gefolgt, um nur einige zu nennen.
Die beiden Hauptfiguren haben in vielerlei Hinsicht Vorbildcharakter, ohne dass dies überstrapaziert wird. Sie sind mutig, selbstbewusst, sehen nicht nur sich selbst und gehen ihren eigenen Weg, um ihr Ziel zu erreichen. All diese Eigenschaften machen sie im positiven Sinne zu Helden, mit denen man sich gerne identifizieren will.

Methodische Anregungen und lektürebegleitende Aufgaben

Die Schüler sollten sich den Lesestoff sowohl zu Hause als auch in der Schule aneignen. Die gesamte Unterrichtseinheit umfasst ca. 13 Unterrichtsstunden, sie kann aber an die in der Klasse gegebenen Voraussetzungen bzw. Interessen angepasst und verändert werden. Sowohl die zusätzlichen als auch die fächerübergreifenden Vorschläge erweitern das Angebot. Neben handlungs- und produktionsorientierten Aufgaben hält die Unterrichtseinheit auch einige Vorschläge bereit, in denen für das Fach Deutsch spezifische Arbeitstechniken (z. B. das Nachschlagen und Recherchieren) geübt werden.

Übersicht über die Unterrichtseinheit

Stunde	**Thema**	**Arbeits- und Textgrundlagen**	**Verfahren/Unterrichtsgeschehen**
1 (Doppelstunde)	Einstieg	Montag, 8. Oktober Montag, 15. Oktober	Schaubild Personenkonstellation, Beschreibung »Das Haus mit den Höckern«, Vergleich mit Schneewittchen
2	Trends	Mittwoch, 17. Oktober	Unterrichtsgespräch: Trends der letzten Jahre
3	Merkwürdige Entwicklungen	Freitag, 19. Oktober bis Donnerstag, 1. November	Textproduktives Verfahren: Stichwortzettel von Sam und Feya
Zusatz	Niels	Sonntag, 4. November	Textproduktives Verfahren: Tagebucheintrag von Niels
4	Besuch bei Freunden	Dienstag, 6. November	Textproduktives Verfahren: Tabelle erstellen
Zusatz	Brief der Kernpolizei	Mittwoch, 7. November	Textproduktives Verfahren: Brief der Kernpolizei; visuelle Gestaltung: Briefumschlag

Stunde	Thema	Arbeits- und Textgrundlagen	Verfahren/Unterrichtsgeschehen
Zusatz	Fernanda	Donnerstag, 8. November	Verhältnis Mutter und Tochter; Textproduktives Verfahren: Verfassen eines von Fernandas Gedichten
5 (fächerübergreifend mit dem Fach Biologie)	Geschwüre	Mittwoch, 14. Oktober	Personen mit Geschwüren; Arbeitstechnik: Recherchieren
6	Tamagotchis	Donnerstag, 15. November bis Montag, 19. November	Informationstext, Gemeinsamkeiten und Unterschiede zwischen Yaccas und Tamagotchis erarbeiten und stichwortartig festhalten
Zusatz (fächerübergreifend mit dem Fach Geschichte)	Sam und die Gilde der Pestärzte	Donnerstag, 15. November	Arbeitstechnik: Recherchieren
Zusatz	Pharmayaca	Freitag, 16. November	Visuelle Gestaltung: Seitenansicht des Gebäudes
Zusatz	Wäschereien	Samstag, 17. November	Arbeitstechnik: Nachschlagen und Interviewen

Stunde	Thema	Arbeits- und Textgrundlagen	Verfahren/Unterrichtsgeschehen
Zusatz	Hypnose	Sonntag, 18. November	Arbeitstechnik: recherchieren
Zusatz	Fragebogen	Montag, 19. November	Textproduktives Verfahren: Fragebogen erstellen
7	Feyas Brief an Sam	Freitag, 23. November	Textproduktives Verfahren: Brief an Sam
Zusatz	Sams Vater	Samstag, 24. November	Diskussion, szenische Gestaltung: Rollenspiel
8	Nabelkontrolle	Samstag, 24. November	Vermutungen zum weiteren Verlauf des Textes anstellen (evtl. schriftlich)
9	Daniels Entscheidung	Montag, 26. November	Textproduktives Verfahren: Schreiben einer Fortsetzung
Zusatz	Gemeinsamkeiten Pharmayaca/ Gilde der Pestärzte	Dienstag, 27. November	Gemeinsamkeiten aufzeigen
Zusatz	Niels und Lena	Mittwochabend, 28. November (Feya)	Wichtiges im Text markieren; Textproduktives Verfahren: Tagebucheintrag

Stunde	Thema	Arbeits- und Textgrundlagen	Verfahren/Unterrichtsgeschehen
10	Ilona	Mittwochnacht, 28. November (Feya)	Vermutungen auf einem Stichwortzettel notieren, anschließendes Vorstellen
11	Das Mittel gegen Geschwüre	Freitag, 30. November (Sam und Feya)	Textproduktives Verfahren: Verfassen eines Beipackzettels
Zusatz (fächerübergreifend mit dem Fach Biologie)	Strauße		Arbeitstechnik: Recherche im Internet
Zusatz (fächerübergreifend mit dem Fach Physik)	Eier		Arbeitstechnik: Recherche im Internet
Zusatz	Der Preis des Präsidenten	1. Dezember	Über den Text reflektieren
12	Neue Medikamente		Arbeitstechnik: Recherchieren; szenische Gestaltung: Rollenspiel und Diskussion
13	Tagebuch	1. Mai	Untersuchen der Tagebucheinträge
Vorschlag für eine mögliche Klassenarbeit			

- Das Buch *Yacca Fieber* entstand aus den beiden Tagebüchern von Sam und Feya.
  Lassen Sie ein »Yacca-Heft« anlegen. In dieses Heft notieren die Schüler alles, was mit der Lektüre zu tun hat.

- Die Tagebucheinträge sind zunächst alle mit einem Datum versehen. Die Schüler sollen den Wochentag mit dem dazugehörigen Datum in den Yacca-Kalender eintragen. Dazu notieren sie den Inhalt des Eintrags in einem Merksatz oder auch stichpunktartig, so dass sie am Ende eine Übersicht über das gesamte Buch haben.

Datum	Wochentag	Sam/Feya oder beide? Anzahl der Einträge	Das ist passiert

- Im Vorwort werden die beiden Tagebücher beschrieben. Die Schüler sollen auf einem Blankoblatt einen ganz persönlichen Umschlag für ihr Yacca-Heft gestalten, allerdings sollten sie dabei die Beschreibung der Tagebücher im Text berücksichtigen. Anschließend kleben sie ihren Entwurf auf ihr Yacca-Heft.

- Anlegen einer »Yacca-Liste«
  Beim weiteren Lesen erfahren die Schüler noch eine Menge über die Yaccas. Damit ihnen keine Informatio-

nen verloren gehen, sollten sie alle in einer Liste zusammenstellen.

Firma, die die Yaccas herstellt:

Chef der Firma:

Name seines Assistenten:

Name »Yacca« kommt von:

»Yactuell« is eine Wortschöpfung aus __________ +

____

Spielidee der Yaccas:

So fühlt sich ein Yacca an:

So sieht ein Yacca aus:

(Lassen Sie eine Skizze anfertigen)

So bekommt man ein Yacca:

Sorgen der Drogeristen:

Nebenwirkungen bei den Yacca-Kindern:

Schulische Leistungen:

Interessen:

Soziale Kontakte:

Namen von Yacca-Kindern und deren besondere Kennzeichen:

Verhalten der Eltern von Yacca-Kindern:

Das Geheimnis der Yaccas:

Unterrichtsvorschläge zu den einzelnen Stunden

1. Stunde: Einstieg (Doppelstunde)

Textgrundlage: Tagebucheinträge vom 8. und 15. Oktober

- Der Leser erfährt aus den Eintragungen vom 8. Oktober. einiges über Feya und Sam. Diese Informationen können in einem Schaubild (Namen der Personen u. Ä.) zusammengefasst werden.
  Es kann beliebig ergänzt werden!
  Lassen Sie die Schüler Fotos aus Zeitschriften ausschneiden, die den beiden Jugendlichen – so wie sie sich die Schüler vorstellen – ähnlich sehen. Diese Bilder können in die Kreise geklebt werden.

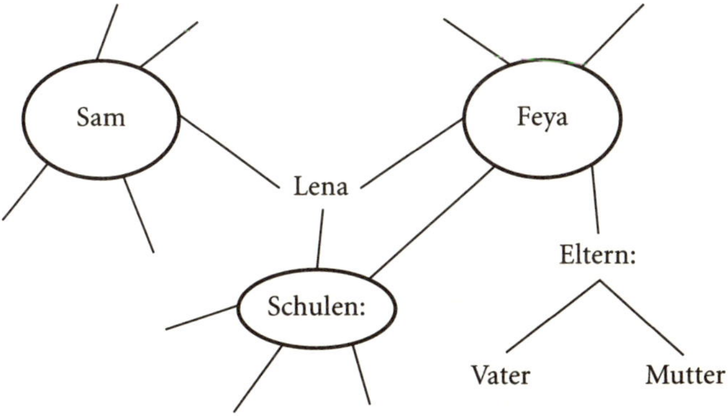

- Feya erzählt von dem Haus, in dem sie wohnt.
  Die Schüler sollen es mit ihren eigenen Worten beschreiben und erläutern, wie Feyas Aussagen über das Haus auf sie wirken.

Zusatz:
Lassen Sie die Schüler das Haus malen.

- Feya vergleicht sich selbst mit Schneewittchen.
  Wie sieht Schneewittchen aus und warum vergleicht sich Feya wohl mit dieser Märchenfigur? Die Schüler sollen ihre Vermutungen darüber im Unterrichtsgespräch äußern und anschließend eine Inhaltsangabe dieses Märchens schreiben. Hierbei üben die Schüler nicht nur das Verfassen einer Inhaltsangabe, sondern reflektieren auch das Märchen genauer. Als Gedächtnisstütze oder falls einige Schüler den Inhalt von *Schneewittchen* nicht präsent haben, sollten Sie Kopien des Märchens mit in den Unterricht bringen.

2. Stunde: Trends

Textgrundlage: Tagebucheintrag vom 17. Oktober

- Sam stellt fest, dass immer die gleichen Kinder die begehrten Trendartikel zuerst haben.
  Die Schüler sollen überlegen, ob sie auch Personen kennen, auf die diese Feststellung zutrifft. Was macht diese Trendartikel für viele Jugendliche derart erstrebenswert? Regen Sie eine Diskussion darüber an. Um Streit vorzubeugen, sollte man die Mitschüler der eigenen Klassengemeinschaft bei diesen Überlegungen ausschließen.

- Sam nennt einige Trends / Trendartikel der letzten Jahre. Welche Trends / Trendartikel sind in den letzten Jahren an der Schule / in der Stadt aufgetreten und wovon ging deren Faszination aus?

3. Stunde: Merkwürdige Entwicklungen

Textgrundlage: Tagebucheinträge vom 19. Oktober bis 1. November

- In der Zeit vom 19. Oktober bis 1. November berichten Feya und Sam von weiteren merkwürdigen Entwicklungen in ihrem unmittelbaren Umfeld. Sie treffen sich und notieren die Ereignisse der letzten Tage auf einem Zettel. Die Schüler sollen überlegen, was die beiden wohl aufgeschrieben haben, und den Zettel anschließend selbst verfassen.

Zusatz: Niels

- Lassen Sie die Schüler den Tagebucheintrag von Feya und von Sam noch einmal durchlesen und die Zeilen, in denen Niels beschrieben wird, unterstreichen.
  Nachdem Sam und Feya abgereist sind, schreibt Niels ebenfalls in sein Tagebuch. Wie wird sein Eintrag wohl aussehen? Lassen Sie ihn von den Schülern verfassen und anschließend vorlesen.

4. Stunde: Besuch bei Freunden

Textgrundlage: Tagebucheintragung vom 6. November

- Sam und Feya wollen ihre Freunde besuchen und erleben ähnliche Dinge.
  Die Schüler sollen die verblüffend übereinstimmenden Umstände, die sie antreffen, beschreiben und in die Tabelle eintragen.

Sams und Lenas Besuch bei Kai	Feyas Besuch bei Maren

Zusatz: Brief der Kernpolizei

- Feya gelingt es, einen Brief der Kernpolizei zu lesen. In ihm bezieht sich der Kommissar der Kernpolizei auf einen früheren Brief vom 30. Oktober.
  Die Schüler sollen kombinieren, was wohl in diesem Brief gestanden haben mag, und ihn anschließend verfassen.

- Freiwillig:
  Mehrmals berichten Sam und Feya von dem markanten Erscheinungsbild des Briefumschlags. Die Schüler können ihn nach der vorgegebenen Beschreibung anfertigen.

Zusatz: Fernanda

- Feya und Sam beschreiben in ihren Tagebucheinträgen Fernanda, die Mutter von Feya.
  Lassen Sie die Schüler folgende Überlegungen dazu anstellen: Was ist mit Fernanda los und was könnten die mögliche Ursachen für ihren Zustand sein?
  Dabei sollten die Schüler folgende Bemerkung von Feya (15. Oktober) berücksichtigen:
  »Mein Vater ist Philosoph, meine Mutter schreibt Gedichte. Das bedeutet, dass er an immer anderen Universitäten in den merkwürdigsten Ländern unterrichtet oder (wie hier) Regierungen berät. Sie darf inzwischen an einem Eckchen seines Schreibtisches dichten.«
  Wie steht Feya zu ihrer Mutter und wie geht sie mit ihr um?

- Freiwillig:
  Fernanda bekommt für ihre Gedichte viele Auszeichnungen und Preise. Zurzeit schreibt sie Gedichte über das Thema Industrie.
  Die Schüler sollen versuchen eines von Fernandas Gedichten zu schreiben.

5. Stunde (fächerübergreifend mit dem Fach Biologie): Geschwüre

Textgrundlage: Tagebucheintrag vom 14. Oktober

- Feya lernt bei Pharmayaca Doktor Brandt persönlich kennen. Er hat ein Geschwür zwischen den Augenbrauen und ist nicht die einzige Person, von der berichtet wird, dass sie davon betroffen ist. Es lohnt sich, herauszufinden, welche anderen Personen das sind und an welchen Stellen sie diese Geschwüre haben. Da im weiteren Verlauf der Geschichte etliche betroffene Personen vorkommen, sollten die Schüler Platz unter ihrer Liste lassen und sie später vervollständigen.

- Die Onkologie (griech.: Schwellung, Geschwulst) ist die Lehre der Geschwulstkrankheiten. Lassen Sie die Schüler diesen Begriff im Lexikon nachschlagen und folgende Fragen beantworten:
  Warum entstehen Geschwülste?
  Welche Möglichkeiten gibt es, den Patienten zu heilen?

6. Stunde: Tamagotchis

Textgrundlage: Tagebucheinträge vom 15. November bis 19. November

- Sam berichtet von den neuesten Ereignissen in der Schule: Frau Londo hat ein totales Yacca-Verbot in der Schule ausgesprochen, da man mit den Yacca-Kindern im Unterricht nichts mehr anfangen kann.
  Inzwischen haben die Schüler nicht nur auf ihrem Yacca-Steckbrief schon einige Informationen über dieses geheimnisvolle Spielzeug gesammelt, sondern auch über ähnliche Trends in unserer Zeit nachgedacht. Dabei sind ihnen bestimmt Parallelen zwischen den Yaccas und den Tamagotchis aufgefallen. Hier einige Infos über die Tamagotchis:
  Die Tamagotchis werden von der Firma Bandai in Japan hergestellt. Die Firma preist sie auf der Verpackung als »winzige Cyberspace-Haustiere, die zum Überleben und Wachsen deine Liebe brauchen«, an. Sie kosten ca. 15 €. Tamagotchi, das Ei zum Liebhaben, ist aus Plastik und im Inneren mit einer Elektronik versehen. Über drei Knöpfe muss man für sein »Haustier« sorgen. Man spielt mit ihm und füttert es, so dass sich aus dem kleinen Ei ein richtiges »Tier« entwickeln kann.
  1997 hatte die Beliebtheit der Tamagotchis ihren Höhepunkt erreicht. In Deutschland waren sie ständig ausverkauft. Die Musikgruppe Squeezer hat im selben Jahr ein Lied mit dem Titel »Tamagotchi« herausgebracht, dessen Text sich zu einer Analyse anbietet.

- Die Schüler sollen überlegen, welche Gemeinsamkeiten und Unterschiede sie zwischen den Tamagotchis und den Yaccas feststellen können. Die Ergebnisse können in einer Tabelle eingetragen werden.

Tamagotchi	Yacca

- Anschließend sollen sie über die Gefahren, die von beiden Spielzeugen ausgehen, nachdenken. Vielleicht ist in der Klasse ein ehemaliger Besitzer eines solchen Spielzeugs, aber auch Playstation-, Gameboy- oder Handybesitzer sollten von ihren Erfahrungen berichten.

Zusatz (fächerübergreifend mit dem Fach Geschichte): Sam und die Gilde der Pestärzte

- Sam nimmt in Geschichte gerade das Mittelalter durch. Er soll fünf Ritterschilde mit Wappen zeichnen. Die Schüler können seine Aufgabe übernehmen und die fünf Wappen heraussuchen und zeichnen.

- In der Bibliothek stellt Sam fest, dass das Zeichen der Kernpolizei viel Ähnlichkeit mit dem Gildewappen der Pestärzte besitzt.

In einem Lexikon oder in einem Geschichtsbuch können die Schüler Informationen über die Pest heraussuchen und folgende Fragen beantworten:

1. Wie wurde die Pest noch genannt?
2. Wann brach die erste schwere Pestepidemie aus?
3. Wer überträgt das Pestbakterium?
4. Mit welchen Krankheitssymptomen musste ein Pestkranker rechnen?
5. Wie versuchte man sich vor der Pest zu schützen?
6. Warum brach die Pestepidemie oft im Winter ab?

Zusatz: Pharmayaca

- Feya und Sam versuchen einen Grundriss von Pharmayaca zu zeichnen, aber es gelingt ihnen nicht so richtig. Das liegt daran, dass man mit den vorhandenen Informationen viel besser eine Seitenansicht zeichnen kann.

  Lassen Sie von den Schülern eine Skizze anlegen.

Zusatz: Wäschereien

- Feya ruft bei den Wäschereien der Umgebung an, um herauszubekommen, wie bei Pharmayaca die Wäsche transportiert wird.

  Die Schüler können im Telefon- oder Branchenbuch ebenfalls die Wäschereien der Umgebung heraussuchen und bei ihnen in Erfahrung bringen, wie sie das Transportproblem bei Großkunden lösen.

Zusatz: Hypnose

- Herr Bender hat die Vermutung, dass die Reaktionen, die die Yaccas bei den Kindern auslösen, durch eine Art von Hypnose entstehen.
  Auf der Yacca-Liste haben die Schüler die Auswirkungen dieser Spielzeuge auf die Kinder notiert. Was spricht für die Theorie von Herrn Bender?
  (Tipp: Im Lexikon oder im Internet findet man nützliche Informationen rund um den Begriff Hypnose)

Zusatz: Fragebogen

- Lassen Sie die Schüler den Fragebogen, den Sam und Feya im Deckel des Jodfläschchens finden, entwerfen.

7. Stunde: Feyas Brief an Sam

Textgrundlage: Tagebucheinträge vom 23. und 24. November

- Feyas letzte Worte am Freitagmorgen lauten: »Ich verstehe weniger als je zuvor. Könnte ich nur mit Sam sprechen.«
  Weil sie das aber nicht kann, schreibt sie ihm einen Brief und berichtet ihm auf diesem Wege von den Ereignissen.
  Was steht wohl in diesem Brief? Die Schüler sollen ihn verfassen.

Zusatz: Sams Vater

- Sams Vater ist sauer auf seinen Sohn und möchte ihn deshalb vorläufig nicht sehen.
  In einer Diskussionsrunde mit zwei Gruppen sollen die Schüler folgende Standpunkte vertreten: Die eine Gruppe ist für »harte Strafen«, die andere für »Reden« oder Ähnliches. Bevor die Diskussionsrunde startet, ist es ratsam, die Gruppen Argumente sammeln zu lassen. In Partnerarbeit können die Schüler zusätzlich darüber nachdenken, was sie sich in einer solchen Situation wünschen würden, und in einem Rollenspiel (Vater/Sam) eine mögliche Aussprache nachahmen.
  Anschließend sollten die Schüler in einem Unterrichtsgespräch die Möglichkeit bekommen, von ihren eigenen Erfahrungen mit ihren Eltern in solchen Situationen zu berichten.

8. Stunde: Nabelkontrolle

Textgrundlage: 24. November

- Feya wird Zeuge der »Nabelkontrolle«.
  Lassen Sie die Schüler folgende Fragen beantworten: Warum müssen immer ein Dutzend Kinder in der Fabrik arbeiten und warum regt sich Doktor Brandt so über den Bewuchs am Bauch auf? Was könnte »Plan Exit« sein?

9. Stunde: Daniels Entscheidung

Textgrundlage: Tagebucheinträge vom 26. bis 28. November

- Daniel entscheidet sich gegen das Yacca, das Guhring ihm anbietet. Das ist Feyas Chance!
  Wie könnte es weitergehen? Die Schüler sollen eine (möglichst spannende) Fortsetzung dieser Szene schreiben.

Zusatz: Gemeinsamkeiten Pharmayaca / Gilde der Pestärzte

- Lassen Sie die Schüler folgende Frage beantworten: Welche Gemeinsamkeit besteht zwischen Pharmayaca und der Gilde der Pestärzte?

Zusatz: Niels und Lena

- Niels entdeckt unter dem letzten Dutzend Versuchskinder seine kleine Schwester Lena. Nur mit Mühe kann er die Prozedur durchstehen, ohne dass Guhring oder Alfons etwas merken.
  Die Schüler lesen Feyas Tagebucheintrag und unterstreichen die Stellen, die das Verhalten von Niels beschreiben. Welche Gedanken mögen ihm wohl durch den Kopf gegangen sein? In einem Tagebucheintrag von diesem Mittwochabend notieren die Schüler an Niels' Stelle diese Überlegungen.

10. Stunde: Ilona

Textgrundlage: Tagebucheintrag von Mittwochnacht, 28. November

- Ilona hat Feya entdeckt.
  Wie wird es wohl weitergehen? Die Schüler sollen ihre Vermutungen in kurzen Stichworten auf einen Zettel schreiben. Sammeln Sie die Zettel ein und stellen Sie die Ergebnisse vor.

11. Stunde: Das Mittel gegen Geschwüre

Textgrundlage: Tagebucheinträge vom 30. November und 1. Dezember

- Sam wird Zeuge eines Gesprächs zwischen Doktor Brandt und Guhring. Er erfährt den Grund für die Entführung der Kinder.
  Die Schüler sollen noch einmal genau erklären, warum die Kinder in der Fabrik gefangen gehalten werden.

- Alfons weiht Feya in das Geheimnis des Mittels gegen die Geschwüre ein.
  Die Schüler sollen Beipackzettel von Medikamenten mit in die Schule bringen. Sie sollen diese untersuchen und ca. fünf Überschriften auswählen (z. B. Zusammensetzung, Art und Dauer der Anwendung, Hersteller, Anwendungsgebiete, Gegenanzeigen usw.) und anschließend den Beipackzettel für das Mittel gegen Geschwüre

schreiben. Übrigens: Ihm fehlt auch noch ein Name! Lassen Sie die Schüler nach einer Gewinn versprechenden Idee suchen.

Zusatz (fächerübergreifend mit dem Fach Biologie): Strauße

- Strauße spielen eine zentrale Rolle bei Pharmayaca. Der Leser erfährt aber leider nicht sehr viel über diese Tiere. Wenn die Schüler mehr über sie und ihre Haltung und Aufzucht (auch in Deutschland) erfahren möchten, lohnt sich ein Blick auf folgende Homepage im Internet: http://straussenfarm-oyle.de/index.htm.

Zusatz (fächerübergreifend mit dem Fach Physik): Eier

- Unter http://geo.de/geolino/themen/experimente/versuche_ei/experimente_2.html findet man eine Menge interessanter Experimente mit Eiern.

Zusatz: Der Preis des Präsidenten

- Der Präsident hat einen Preis für denjenigen ausgesetzt, der ein wirksames Mittel gegen die Geschwüre entwickelt.
  Was könnte der Preis sein?
  War der Preis der einzige Anreiz für Doktor Brandt?

12. Stunde: Neue Medikamente

- Lassen Sie die Schüler folgende Frage reflektierend beantworten: Welchen Trick hat Doktor Brandt angewandt, um sein potenzielles Mittel gegen Geschwüre gut vermarkten zu können?

- Durch die Medien ging ein ähnlicher Fall: Ein Schweizer Pharmaunternehmen wurde in den USA beschuldigt zusammen mit Psychiatern eine Krankheit erfunden zu haben, um eins ihrer Medikamente besser verkaufen zu können.
  Die Schüler können diesen Fall recherchieren oder allgemein darüber diskutieren, ob sie so etwas für möglich halten.

- Abschlussdiskussion:
  Lassen Sie in der Klasse darüber diskutieren, ob die Schüler einen solchen Betrug für möglich halten und wer letztendlich die Verantwortung für so etwas zu tragen hätte. Sie können die Schüler wieder in Gruppen einteilen und ihnen bestimmte Rollen zuweisen, z.B.:

  A) Ihr seid der Direktor eines Pharmakonzerns, der vor dem Bankrott steht. Durch Zufall findet einer seiner Mitarbeiter eine Rezeptur für ein neues Medikament. Leider sind die Nebenwirkungen bei einer bestimmten Blutgruppe noch zu hoch. Dem Direktor gelingt es zunächst, dieses zu vertuschen. Er möchte Arbeitsplätze retten und selbst nicht scheitern.

B) Ihr seid der Mitarbeiter, der dieses Medikament entwickelt hat, das ist sein Beruf. Zusätzlich winkt ihm aber eine dicke Prämie und ein gesicherter Arbeitsplatz.

C) Ihr seid ein todkranker Mann, dem nur dieses Medikament noch helfen würde. Der Mann würde alles versuchen, um noch eine Chance zu bekommen. Er möchte dieses Medikament unbedingt testen.

D) Ihr seid eine Versuchsperson, die das Medikament getestet hat. Leider hat diese Frau die falsche Blutgruppe und es geht ihr nach der Einnahme des Medikamentes schlechter als zuvor. Sie will den Pharmakonzern verklagen und angemessen entschädigt werden.

Alle Gruppen dürfen ihren Standpunkt »vor Gericht« vertreten. Die Schüler sollten zunächst aber Argumente sammeln, bevor sie aussagen.

13. Stunde: Tagebuch

Textgrundlage: Tagebucheintrag vom 1. Mai

- Worin unterscheidet sich dieser Tagebucheintrag von den anderen?
  Die Schüler sollen den Yacca-Kalender daraufhin unter-

suchen. Was fällt ihnen an den zeitlichen Abständen der Eintragungen auf? Wie verhalten sich die Intervalle im Vergleich zur Spannung?

Mögliche Klassenarbeit: Erörterung

- Für eine Erörterung bietet sich folgendes Thema an: »Medikamentenerprobung an Versuchspersonen – Notwendigkeit oder unzulässige Gefahr?«
  Zunächst sammeln die Schüler in einer Tabelle Pro- und Contra-Argumente. Sie sollen sich dann für einen Standpunkt entscheiden und die Argumente, die dafür sprechen, in der Tabelle rot einkreisen. Auch eine Kompromisslösung ist denkbar. Die einzelnen Argumente (pro und contra) sollten dann nacheinander aufgelistet und erläutert werden. Das stärkste Argument, das den eigenen Standpunkt untermauert, sollte die Erörterung abschließen. Im Schlussteil sollen die Schüler noch einmal kurz die eigene Meinung zusammenfassend darstellen.
  Falls Sie diese Aufsatzform zuvor noch einmal mit Ihren Schülern üben möchten, können Sie dies zum Thema »Tierversuche – unvermeidbar?« tun.

Unterrichtsmodell für die Klassen 5–7

Stundenaufwand ca. 10 Unterrichtsstunden

Joanne K. Rowling
Harry Potter und der Stein der Weisen

336 Seiten
ab 10 Jahren
Umschlagbild
von Sabine Wilharm
Carlsen Hardcoverausgabe
ISBN 3-551-55167-7

Behandelte Themen in Stichworten:

- Persönlichkeitsentwicklung
- Kampf Gut gegen Böse
- Fantasie
- Zauberei
- Haupthandlungsort: Schule

Leseprobe

Der Sprechende Hut

Sogleich öffnete sich das Tor. Vor ihnen stand eine große Hexe mit schwarzen Haaren und einem smaragdgrünen Umhang. Sie hatte ein strenges Gesicht, und Harrys erster Gedanke war, dass mit ihr wohl nicht gut Kirschen essen wäre.

»Die Erstklässler, Professor McGonagall«, sagte Hagrid.

»Danke, Hagrid. Ich nehm sie dir ab.«

Sie zog die Torflügel weit auf. Die Eingangshalle war so groß, dass das ganze Haus der Dursleys hineingepasst hätte. Wie bei Gringotts beleuchtete das flackernde Licht von Fackeln die Steinwände, die Decke war so hoch, dass man sie nicht mehr erkennen konnte, und vor ihnen führte eine gewaltige Marmortreppe in die oberen Stockwerke.

Sie folgten Professor McGonagall durch die steingeflieste Halle. Aus einem Gang zur Rechten konnte Harry das Summen Hunderter von Stimmen hören – die anderen Schüler mussten schon da sein –, doch Professor McGonagall führte die Erstklässler in eine kleine, leere Kammer neben der Halle. Sie drängten sich hinein und standen dort viel enger beieinander, als sie es normalerweise getan hätten. Aufgeregt blickten sie sich um.

»Willkommen in Hogwarts«, sagte Professor McGonagall. »Das Bankett zur Eröffnung des Schuljahrs beginnt in Kürze, doch bevor ihr eure Plätze in der Großen Halle einnehmt, werden wir feststellen, in welche Häuser ihr kommt. Das ist eine sehr wichtige Zeremonie, denn das Haus ist gleichsam eure Familie in Hogwarts. Ihr habt ge-

meinsam Unterricht, ihr schlaft im Schlafsaal eures Hauses und verbringt eure Freizeit im Gemeinschaftsraum.
Die vier Häuser heißen Gryffindor, Hufflepuff, Ravenclaw und Slytherin. Jedes Haus hat seine eigene, ehrenvolle Geschichte und jedes hat bedeutende Hexen und Zauberer hervorgebracht. Während eurer Zeit in Hogwarts holt ihr mit euren großen Leistungen Punkte für das Haus, doch wenn ihr die Regeln verletzt, werden eurem Haus Punkte abgezogen. Am Ende des Jahres erhält das Haus mit den meisten Punkten den Hauspokal, eine große Auszeichnung. Ich hoffe, jeder von euch ist ein Gewinn für das Haus, in welches er kommen wird.
Die Einführungsfeier, an der auch die anderen Schüler teilnehmen, beginnt in wenigen Minuten. Ich schlage vor, dass ihr die Zeit nutzt und euch beim Warten so gut wie möglich zurechtmacht.«
Ihre Augen ruhten kurz auf Nevilles Umhang, der unter seinem linken Ohr festgemacht war, und auf Rons verschmierter Nase. Harry mühte sich nervös, sein Haar zu glätten.
»Ich komme zurück, sobald alles für euch vorbereitet ist«, sagte Professor McGonagall. »Bitte bleibt ruhig, während ihr wartet.«
Sie verließ die Kammer. Harry schluckte.
»Wie legen sie denn fest, in welche Häuser wir kommen?«, fragte er Ron.
»Es ist eine Art Prüfung, glaube ich. Fred meinte, es tut sehr weh, aber ich glaube, das war nur ein Witz.«
Harrys Herz fing fürchterlich an zu pochen. Eine Prüfung?

Vor der ganzen Schule? Aber er konnte doch noch gar nicht zaubern – was um Himmels willen würde er tun müssen?

aus: Joanne K. Rowling: Harry Potter und der Stein der Weisen, Carlsen Verlag GmbH, Hamburg 1998 (Hardcoverausgabe)

Inhalt

»Er wird berühmt werden – eine Legende (...) – ganze Bücher wird man über Harry schreiben – jedes Kind auf der Welt wird seinen Namen kennen!«

Harry Potter ist bis zu seinem 11. Geburtstag ein (bis auf einige kleine Merkwürdigkeiten) ganz normaler Junge. Er lebt bei seinem Onkel Vernon und seiner Tante Petunia, da seine Eltern bei einem Autounfall, so wird es ihm jedenfalls erzählt, ums Leben gekommen sind. Die Dursleys lassen ihn ständig spüren, dass er bei ihnen höchst unwillkommen ist: Er muss in einem Schrank schlafen, bekommt nur abgetragene Kleidung und wird bestenfalls von Onkel und Tante ignoriert. Am meisten leidet Harry allerdings unter seinem Cousin Dudley, der ihn hemmungslos tyrannisiert. An seinem 11. Geburtstag verändert sich jedoch Harrys ganzes Leben, denn er erfährt, dass er als Zauberer geboren wurde und von nun an auf eine Zauberschule (Hogwarts) gehen wird. Der Gesandte des Internats, ein netter Riese namens Hagrid, führt ihn in die Welt der Zauberer ein. Sie gehen gemeinsam in die Winkelgasse, in deren mystischen Läden sie Harrys Ausrüstung (u.a. Zauberstab, Schuluniform mit Spitzhut und Umhang) für die Schule kaufen. Bald darauf sitzt er im Sonderzug nach Hogwarts. Auf dieser Fahrt lernt er seine späteren Freunde, Ron und Hermine, aber auch seinen späteren Gegner Draco Malfoy mit Crabbe und Goyle kennen.

In Hogwarts angekommen werden die Neuen auf vier verschiedene Häuser der Schule aufgeteilt. Harry und seine Freunde kommen nach Gryffindor, wo die Unerschrockenen und Rechtschaffenen untergebracht sind, Draco und seine zwielichtigen Anhänger nach Slytherin, wo List und Tücke vorherrschen. Der Schulalltag auf Hogwarts ist zum Teil mit dem einer normalen Schule vergleichbar. So gibt es auch dort beliebte und unbeliebte Lehrer, die die Fächer unterrichten. Statt Deutsch und Mathematik stehen allerdings Kräuterkunde, Geschichte der Zauberei und Verteidigung gegen die dunklen Künste auf dem Stundenplan. Harry entpuppt sich als ein mittelmäßiger Schüler, ist aber im Quidditch-Spielen besonders begabt. Diese Sportart ist die absolute Attraktion auf Hogwarts. Sie ist eine Mischung aus Hockey, Basket- und Baseball, wird auf Besen in der Luft gespielt und erfreut sich unter den Schülern und Lehrern größter Beliebtheit.

Kurz nach seiner Ankunft in Hogwarts merkt Harry, dass in der Schule etwas Wichtiges versteckt wird. Zwar wissen seine Freunde und er zunächst nicht, dass es sich dabei um den Stein der Weisen handelt, der seinem Besitzer zu Unsterblichkeit und großem Reichtum verhelfen kann, aber durch das, was passiert, erfahren sie, dass Hogwarts durch böse Mächte bedroht ist. Der Böse schlechthin und Anführer alles Bösen, Voldemort, dessen Namen niemand auszusprechen wagt und der Harrys Eltern umgebracht hat, will den Stein der Weisen in seine Gewalt bringen. Nach einer spannenden Verfolgungsjagd durch die dunklen Gänge von Hogwarts, bei der Harry und seine Freunde auch ihre Zauberünste unter Beweis stellen müssen, können sie schließlich verhindern, dass Voldemort in den Besitz des Steins gerät.

Die Autorin

Joanne K. Rowling wurde 1965 in Chipping Sodbury bei Bristol geboren und wuchs in einem kleinen Dorf in Wales auf. Sie studierte Französisch und Klassische Philologie an der Universität von Exeter. Der frühe Tod der Mutter, sie starb mit 45 Jahren an multipler Sklerose, hat die 25-Jährige sehr beeinflusst.

Die Jahre nach dem Studium waren von sprunghaften Wechseln geprägt, nach ersten Jobs arbeitete Joanne K. Rowling zwei Jahre lang für amnesty international und ging dann, mit 26 Jahren, nach Portugal, um in Porto Englisch zu unterrichten. Eine Ehe mit einem portugiesischen Fernsehjournalisten (1992 geschlossen) dauerte nur kurz. Mit der gemeinsamen Tochter Jessica kehrte Joanne K. Rowling Mitte der 90er Jahre nach England zurück und ließ sich mit ihrem Kind in der Nähe ihrer Schwester Di im schottischen Edinburgh nieder. Um die »Buchwerdung« Harry Potters ranken sich inzwischen Legenden. Das Leben als allein erziehende Mutter mit wenig Geld ist auch in Großbritannien nicht leicht und so wurde das Bild der frierenden jungen Mutter, die sich mit ihrem Kleinkind in Straßencafés aufwärmt und dort fieberhaft an einem Buch schreibt, gern und in immer neuen Facetten in den Medien kolportiert. Joanne K. Rowling selbst gibt zu Protokoll, dass Teile dieses Manuskriptes bereits in Portugal entstanden seien. Wie auch immer: 1996 war der Band abgeschlossen. Erst nach mehreren Absagen gelang es ihrem Literaturagenten, das Manuskript bei Bloomsbury in London unterzubringen, 1997 erschien dort der erste Band. Inzwischen sind vier Bände fertig gestellt und auf Deutsch erschienen.

Erzählstruktur und Sprache

Das Buch umfasst 335 Seiten und ist in 17 Kapitel gegliedert.

1. Kapitel	Ein Junge überlebt	S. 5–23
2. Kapitel	Ein Fenster verschwindet	S. 24–37
3. Kapitel	Briefe von niemandem	S. 38–53
4. Kapitel	Der Hüter der Schlüssel	S. 54–69
5. Kapitel	In der Winkelgasse	S. 70–98
6. Kapitel	Abreise von Gleis 9 3/4	S. 99–125
7. Kapitel	Der sprechende Hut	S.126–144
8. Kapitel	Der Meister der Zaubertränke	S.145–157

Die Sprache zeichnet sich durch eine Vielzahl von sehr fantasievollen und Harry-Potter-spezifischen Begriffen aus. Sie machen den Reiz des Lesens aus und weihen den Leser nach und nach in eine Art Geheimcode ein.

Hauptmotivik und Hauptthemen

Harry Potter und der Stein der Weisen verfügt über einen Haupthandlungsstrang, zusätzlich werden jedoch weitere Handlungsstränge eingeführt und miteinander verwoben. Im Mittelpunkt steht die Person Harry Potter. Er wächst als armer und ungeliebter Waisenjunge bei seinen Verwandten auf, die – ähnlich wie im Märchen – über alle typischen Verhaltensweisen von Stiefeltern verfügen.
An seinem 11. Geburtstag lernt er jedoch eine ganz andere Welt kennen: die der Zauberer und Hexen. Dieses Reich,

das neben der »Muggelwelt«, der Welt der »normalen« Menschen, besteht, ist der Haupthandlungsort des Buches. Die Übergänge in die fantastische Welt sind für die Muggels unsichtbar. Sie kennen weder das Gleis 9 $^3/_4$ noch die Mauer hinter dem »Tropfenden Kessel«.

In der magischen Welt ist Harry kein Niemand, sondern von Beginn an eine Berühmtheit. Alle dort kennen seine Geschichte und wissen, dass seine Eltern von Voldemort, einem bösen Zauberer, getötet worden sind. Harry war damals noch ein Baby, aber trotzdem gelang es Voldemort nicht, auch ihn zu töten. Als sichtbares Zeichen dieses Kampfes kennzeichnet Harry seitdem eine Narbe in Form eines Blitzes auf der Stirn. Wurde die Narbe von den Dursleys noch als Makel empfunden, so ist sie jetzt das Merkmal, an dem die Zauberer und Hexen ihn als *den* Harry Potter erkennen.

Mit dem Einzug in die Zauberwelt knüpft Harry zum ersten Mal in seinem Leben Freundschaften, z.B. mit Hagrid, Hermine, Ron und Neville. Nicht alle Personen in Hogwarts sind ihm allerdings gut gesonnen. Auch in der magischen Welt gibt es Gute und Böse. Oft kann man die Zugehörigkeit der Personen an deren Namen erahnen. So bedeutet Draco so viel wie Drache und der Name Voldemort erinnert an Verfall und Tod.

Die Zauberwelt ist durch märchen- und sagenhafte Elemente gekennzeichnet. Es gibt Geister, Eulen, dreiköpfige Hunde, Zentauren und einen verwunschenen Spiegel. Die märchenhaften Bestandteile haben zum Teil eine Modernisierung erfahren, so dienen zwar Besen als Fortbewegungsmittel, doch gibt es hier, ähnlich wie auf dem Automarkt, unterschiedliche Modelle. Die Faszination des Textes geht von der Mischung aus Alltäglichem und Fantastischem aus, doch das Fantastische findet immer noch in einem logischen Rahmen statt und ist für den Leser daher nachvollziehbar.

Auch in der Zauberwelt gibt es Grenzen und Gesetze – als Harry und Hermine dabei erwischt werden, wie sie nachts durch das Haus laufen, bekommen sie eine Strafarbeit auf – und auch das Zaubern muss hart erlernt werden – Hermine muss z. B. fleißig üben, damit sie gute Leistungen erbringen kann. Selbst Quidditch, das Spiel, das auf fliegenden Besen gespielt wird, wird für den Leser nachvollziehbar, wenn er die Regeln liest: Sie sind aus allgemein bekannten Richtlinien zusammengesetzt.

Die Kernhandlung von *Harry Potter und der Stein der Weisen* besteht aus dem klassischen Kampf Gut gegen Böse. Trotzdem entsteht keine Schwarzweißmalerei, da auch die »guten« Figuren der Handlung Schwächen haben, so dass sie für den Leser menschlich bleiben. Am Ende der Handlung tritt der ehemals leidgeplagte, schüchterne Junge erfolgreich gegen die bösen Mächte an. Diesen Erfolg verdankt er der Emanzipation, die für ihn mit dem Eintritt in die Zauberwelt begonnen hat. Am Ende des Textes muss Harry allerdings wieder in seine alte Umgebung und zu seinen Verwandten, den Dursleys, zurückkehren, da die Sommerferien angefangen haben, und Joanne K. Rowling lässt es in diesem Band offen, inwieweit sich Harrys Leben dort ändert.

Didaktische Überlegungen

Der Satzbau ist einfach, die Wortwahl nicht zu anspruchsvoll und die Handlung verläuft linear, so dass man ihr gut folgen kann. Die Lektüre wird auch schwächere Schüler nicht überfordern.

Harry Potter und der Stein der Weisen eignet sich nicht nur durch seine Popularität zur Verwendung im Unterricht, sondern auch durch die Fülle der Themenbereiche, die hier angesprochen werden und die für Schüler interessant sind. Hinzu kommt, dass der Haupthandlungsort eine Schule ist.

Harry Potter ist ein durchschnittlicher Schüler, mit ihm kann sich jeder andere Schüler gut identifizieren. Neben seiner Person treten in *Harry Potter und der Stein der Weisen* aber auch zahlreiche andere Protagonisten mit jeweils typischen Eigenschaften (tollpatschig, klug, strebsam, faul) auf, mit denen sich die Schüler identifizieren können: Ron, Hermine, Neville, Draco usw.

Die Reise in das Land der Zauberer und Hexen regt die Fantasie an. Die emanzipatorische Entwicklung Harrys weckt Mut und Ehrgeiz, sich auch entwickeln und verändern zu wollen.

Aufgrund der Begeisterung, die dieses Buch bei Millionen von Lesern geweckt hat, gilt es inzwischen in der Fachliteratur bereits als Klassiker der Kinder- und Jugendliteratur.

Methodische Anregungen und lektürebegleitende Aufgaben

Die vorgestellte Unterrichtseinheit dient als Leitfaden. Die durchnummerierten Stunden sind notwendig, um den Inhalt der Lektüre zu verstehen und angemessen mit ihm zu arbeiten. Die Einheit kann je nach Lust, Zeit und gewähltem Schwerpunkt um die ausgewiesenen »Zusatz«-Vorschläge erweitert werden, natürlich können diese auch durch eigene Ideen ergänzt oder ersetzt werden.

Übersicht über die Unterrichtseinheit

Stunde	Thema	Arbeits- und Textgrundlagen	Verfahren/Unterrichtsgeschehen
1	Einstieg	Titelbild	Brainstorming zu *Harry Potter*
2 (Doppelstunde)	Harry und die Dursleys	1. und 2. Kapitel bis S. 35	Textproduktives Verfahren: Steckbriefe, Zeitungsartikel, Fortsetzung
3	Briefe für Harry	3. Kapitel bis S. 50	Textproduktives Verfahren: Brief
4 (Doppelstunde)	Die Winkelgasse	5. Kapitel	Textproduktives Verfahren: Arbeit mit einem Stadtplan, Beschreiben von Zauberutensilien; fächerübergreifend: Mathematikaufgaben; Arbeitstechniken: recherchieren, Referat

Stunde	Thema	Arbeits- und Textgrundlagen	Verfahren/Unterrichtsgeschehen
5	Im Hogwarts-Express	6. Kapitel	Textproduktives Verfahren und visuelle Gestaltung: Anfertigen einer Zauberkarte, Steckbriefe; szenische Gestaltung: Rollenspiel
6	Der Sprechende Hut	7. Kapitel	Brainstorming zur »Zauberprüfung«; textproduktives Verfahren und visuelle Gestaltung: Übersicht der Häuser, szenische Gestaltung mit dem Zauberhut
7 (fächerübergreifend mit dem Fach Sport)	Quidditch	9. und 10. Kapitel	Textproduktives Verfahren: Spielregeln; Sport: Spiel
8 (fächerübergreifend mit dem Fach Kunst)	Der Spiegel Nerhegeb	12. Kapitel	Visuelle Gestaltung: Herzenswunsch

Stunde	Thema	Arbeits- und Textgrundlagen	Verfahren/Unterrichtsgeschehen
Zusatz	Norbert, der Norwegische Stachelbuckel	14. Kapitel	Textproduktives Verfahren: Drachenblut; visuelle Gestaltung: Norbert malen; Arbeitstechnik: Nachschlagen in *Phantastische Tierwesen & wo sie zu finden sind*
9 (fächerübergreifend mit dem Fach Erdkunde)	Der verbotene Wald	15. Kapitel	Hintergrundwissen: Planetensystem
10	Durch die Falltür	16. Kapitel	Stationen lernen
Vorschlag für eine mögliche Klassenarbeit			

- Lassen Sie die Schüler ein Lesetagebuch zu dieser Unterrichtseinheit anfertigen. In dieses »Buch« sollen sie alles rund um Harry Potter hineinschreiben, -zeichnen oder -kleben.

Unterrichtsvorschläge zu den einzelnen Stunden

1. Stunde: Einstieg

Arbeitsgrundlage: Titelbild

- Es ist davon auszugehen, dass fast jeder Schüler schon etwas von Harry Potter gehört hat. Die Schüler verfügen demnach über ein diffuses Vorwissen zu diesem Buch. Geben Sie ihnen in einem Brainstorming die Möglichkeit, dieses Wissen mit einzubringen. Schreiben Sie groß »Harry Potter« an die Tafel; jeder Schüler kann nun alles, was ihm zu diesem Namen einfällt, ergänzen. Schüler, die *Harry Potter und der Stein der Weisen* schon gelesen haben, sollten im Vorfeld um »Verschwiegenheit« gebeten werden und keine konkreten inhaltlichen Informationen preisgeben.

- Das Buch verfügt über ein sehr schön gestaltetes Titelbild der Illustratorin Sabine Wilharm. Die Schüler sollen es genauer untersuchen und sich zu folgenden Fragen äußern: Was sind das für Figuren?, Warum sind sie gerade in dieser Größe abgebildet? etc.

2. Stunde: Harry und die Dursleys (Doppelstunde)

Textgrundlage: 1. und 2. Kapitel bis S. 35

- Die Schüler sollen Steckbriefe zu Harry Potter (Aussehen und Lebensumstände) und zur Familie Dursley

(Onkel Vernon, Tante Petunia, Dudley) anfertigen und versuchen die einzelnen Familienmitglieder nach der Beschreibung zu zeichnen.

- Lassen Sie die Schüler einen Zeitungsartikel über die Umstände an dem Tag schreiben, an dem Harry erfährt, dass er ein Zauberer ist. Hier können Sie bestimmte Schlüsselwörter, wie »Sternschnuppenregen« oder »Riese«, vorgeben.

- Die Schüler sollen bis S. 35 lesen und eine Fortsetzung zu folgender Frage schreiben: »Was passiert wohl, wenn die Boa Constrictor aus dem Terrarium flieht?«

3. Stunde: Briefe für Harry
Textgrundlage: 3. Kapitel bis S. 50

- Was könnte in den Briefen an Harry stehen, das so wichtig ist, dass die Dursleys sie immer wieder abfangen?
  Lassen Sie die Schüler einen solchen Brief schreiben. Die genaue Adresse, an die der Brief geschickt werden soll, finden die Schüler im Buch.

- Lassen Sie die Schüler folgende Fragen zum Text schriftlich beantworten: Wie heißt der Riese? Was ist der Grund seiner Reise? Was erfährt Harry von ihm?

4. Stunde: Die Winkelgasse (Doppelstunde)

Textgrundlage: 5. Kapitel

- Die Schüler sollen mithilfe eines Stadtplans von London eine Route durch die Stadt aufzeigen, die Hagrid und Harry benutzt haben könnten.
  Wo liegt wohl die Winkelgasse? Die Schüler suchen sich einen Standort und markieren diesen.

- Lassen Sie die Schüler die Läden der Winkelgasse, die im Text genannt werden, heraussuchen und notieren. Was könnten die einzelnen Geschäfte wohl noch an Zauberutensilien verkaufen? Die Schüler sollen sich weitere magische Gegenstände ausdenken, beschreiben und den Läden zuordnen.

- Das Zahlungsmittel in Hogwarts sind Galleonen und Sickel.
  Die Schüler können Rechenaufgaben mit Zaubergeld lösen. Z.B.: 1 Galleone sind wie viele Sickel? Dann sind 6 Galleonen = ______ Sickel usw.

- Eulen spielen in der Zauberwelt von Hogwarts eine große Rolle.
  Lassen Sie die Schüler Informationen über Eulen zusammenstellen.

5. Stunde: Im Hogwarts-Express

Textgrundlage: 6. Kapitel

- In den Packungen der Schokofrösche befinden sich Sammelkarten, auf denen berühmte Zauberer abgebildet sind.

  Lassen Sie die Schüler einen weiteren Zauberer erfinden und eine solche Karte anfertigen. Im oberen Teil der Karte sollen die Schüler den Zauberer darstellen, im unteren Teil sollen sie einen kurzen Lebenslauf des Zauberers verfassen und dabei auf folgende Fragen eingehen: Wie lautet sein Name, wodurch ist er berühmt geworden? Wie sieht er aus?

- Lassen Sie die Schüler Steckbriefe von Ron und Hermine anfertigen.

- Im Hogwarts-Express bieten sich mehrere Textstellen zur Umsetzung in einem Rollenspiel an. Besonders geeignet ist die Begegnung zwischen Harry, Ron und Draco Malfoy mit Crabbe und Goyle.

6. Stunde: Der Sprechende Hut

Textgrundlage: 7. Kapitel

- Die neuen Erstklässler von Hogwarts haben ziemliche Angst vor der Prüfung durch den Sprechenden Hut, denn sie entscheidet über ihre Unterkunft in der Schule und damit auch über ihre Zukunft.

Folgende Frage ist in Zusammenhang mit dieser Szene interessant: Was und wie prüft der Sprechende Hut? Die Schüler sollen Vermutungen darüber anstellen, sie auf Zetteln notieren, in einem Schuhkarton sammeln und anschließend vorstellen.

- Lassen Sie die Schüler eine Übersicht über die verschiedenen Häuser von Hogwarts anlegen. Welches Haus verfügt über welche Besonderheiten?
  Mit wenig Aufwand können Sie einen eigenen Zauberhut aus Pappe basteln oder einen Schüler damit beauftragen. Die Schüler sollen dann einen Sitzkreis bilden, sich den Hut nacheinander aufsetzen und so die Szene in Hogwarts nachspielen. Folgende Fragestellungen sind dabei interessant: Wodurch zeichnet sich mein Charakter aus? In welches Haus hätte der Sprechende Hut wohl mich geschickt? Jeder Schüler sollte den Namen »seines« Hauses notieren. Allerdings sollten diese Ergebnisse nicht öffentlich vorgestellt werden. Es genügt voll und ganz, wenn jeder Schüler einmal für sich über seine Persönlichkeit nachdenkt.

7. Stunde (fächerübergreifend mit dem Fach Sport): Quidditch

Textgrundlage: 9. und 10. Kapitel

- Die Schüler sollen die Quidditch-Spielregeln zusammenstellen und besprechen. Es bietet sich an, kleine Jäger, Treiber, Hüter und einen Schnatzzieher aus Papier zu basteln. Man kann sie auf ein großes Blatt Tonpapier legen und damit im Sitzkreis einige Spielzüge nachstellen. Aus der Erfahrung heraus ist zu sagen, dass die Schüler diese doch recht komplizierten Spielregeln relativ schnell beherrschen. Wenn Sie sicher sind, dass alle Schüler die Regeln verstanden haben, können Sie mit ihnen das Spiel in der Turnhalle nachspielen. Diese praktische Umsetzung begeistert vor allem die Jungen und trägt so zu einer hohen Lesemotivation bei.

- Inzwischen ist im Carlsen Verlag eins der original Schulbücher von Hogwarts, genauer gesagt das Exemplar von Harry Potter, erschienen: »*Quidditch im Wandel der Zeiten*«.
  Falls einige Schüler dieses Buch besitzen, können sie es im Rahmen eines kleinen Referats im Unterricht vorstellen und damit die »Quidditch-Stunde« ergänzen.

8. Stunde (fächerübergreifend mit dem Fach Kunst): Der Spiegel Nerhegeb

Textgrundlage: 12. Kapitel

- Harry entdeckt eines Nachts den Spiegel Nerhegeb. Doch anstelle seines Spiegelbilds sieht er darin seine verstorbenen Eltern. Zunächst vermutet Harry, dass ihm der Spiegel das zeigt, was der Betrachter in ihm sehen will. Doch Dumbledore berichtigt ihn: Der Spiegel zeigt seinem Betrachter seinen tiefsten Herzenswunsch. Diese Stelle spricht die Schüler erfahrungsgemäß ganz besonders an, denn jeder Leser denkt automatisch darüber nach, was er in dem Spiegel wohl erblicken würde. Dieses Phänomen sollte unbedingt im Unterricht aufgegriffen werden. Geben Sie den Schülern die Möglichkeit, ihren tiefsten Herzenswunsch in eine »Spiegelvorlage« zu zeichnen, ihn zu dichten oder zu beschreiben. Anschließend können die Wünsche im Sitzkreis vorgestellt werden. Falls ein Schüler seinen Wunsch nicht offenbaren möchte, sollte er auch nicht dazu gezwungen werden.

Zusatz: Norbert, der Norwegische Stachelbuckel

- Hagrid kann seiner Leidenschaft nicht widerstehen und nimmt ein kleines Drachenbaby bei sich auf, obwohl das in Hogwarts strengstens verboten ist.
  Lassen Sie die Schüler auf Spurensuche gehen: Sie sollen textimmanent alle Informationen über die Aufzucht von Drachen herausfinden. Besonders spannend ist es für die Schüler auch, zu überlegen, welche Strafe wohl auf Hagrid wegen dieses Vergehens warten könnte.

- Hermine lernt die »zwölf Anwendungen von Drachenblut«.
  Lassen Sie die Schüler in einer Tabelle die zwölf Verwendungen und Wirkungen von Drachenblut aufstel-

len. Ihrer Fantasie sollten dabei keine Grenzen gesetzt werden.

- Da Norbert sehr detailliert beschrieben wird, können die Schüler eine Zeichnung von ihm anfertigen.

9. Stunde: Der verbotene Wald (fächerübergreifend mit dem Fach Erdkunde)

Textgrundlage: 15. Kapitel

- Besonders unheimlich wird es im verbotenen Wald, der seinen Namen nicht ohne Grund trägt. Unter anderen merkwürdigen Wesen leben hier auch die Zentauren, die sich mit unserem Sonnensystem beschäftigen.
  Kopieren Sie ein Bild unseres Sonnensystems und lassen Sie die Schüler die Planeten mit ihren jeweiligen Namen beschriften.

- Sehr spannend und informativ ist das zweite Schulbuch von Harry, *Phantastische Tierwesen & wo sie zu finden sind.*
  In diesem Buch werden eine Vielzahl von magischen Wesen vorgestellt. Witzige Zeichnungen unterstreichen die Merkwürdigkeit der Kreaturen.
  Gerade Schüler im Alter von 10 bis 13 Jahren interessieren sich sehr für Phantastisches. In Gruppenarbeit können sie verschiedene, besonders faszinierende Tierwesen ausarbeiten, d.h. Informationen über diese Wesen

zusammenstellen, evtl. eigene Zeichnungen hinzufügen und Textstellen in *Harry Potter und der Stein der Weisen* heraussuchen, in denen sie beschrieben werden, etc. Anschließend sollte jeder Gruppe die Möglichkeit gegeben werden, ihre Ergebnisse vorzustellen und Vergleiche zwischen den phantastischen Wesen und herkömmlichen Tieren anzustellen. Dieser Exkurs bietet sich unmittelbar nach der Unterrichtsstunde zum Kapitel »Im verbotenen Wald« an, da gerade in diesem Kapitel einige der Tierwesen vorkommen.

10. Stunde: Durch die Falltür

Textgrundlage: 16. Kapitel

- Dieses Kapitel ist unbestreitbar das spannendste des ganzen Buches. Durch die Vielzahl der Ereignisse, die hier beschrieben werden, bietet es sich an, dieses Kapitel durch eine abwechslungsreiche Stationenarbeit genauer zu untersuchen. Harry muss verschiedene Hindernisse überwinden und seine Zauberkraft unter Beweis stellen, bevor er den Stein der Weisen retten kann. Analog zu den Hindernissen können Sie verschiedene Arbeitsblätter erstellen. Eines sollte sich auf den Stein der Weisen beziehen, ein anderes z.B. auf die Teufelsschlinge und / oder auf die fliegenden Schlüssel. Versuchen Sie mindestens 5 und maximal 9 unterschiedliche Arbeitsblätter zu entwerfen. Diese werden durchnummeriert in der Klasse verteilt. Die Stationen können sich neben dem Stein der Weisen (z.B. Welche besonderen Eigenschaften hat er? Warum will Lord Voldemort den Stein in seine Gewalt bringen?), dem Flaschenrätsel oder einer Wissenskartei auch mit dem Porträt der fetten Dame auseinander setzen (die Besonderheit des Porträts herausfinden und eine Zeichnung von der fetten Dame anfertigen). Selbstverständlich können Sie diese Beispielstationen noch um weitere Arbeitsaufträge ergänzen. Die genau ausgearbeiteten Stationen finden Sie in K. Nothdorf: *Kopiervorlagen und Materialien zu Harry Potter und der Stein der Weisen.* Deutsch 5.–7. Schuljahr, Berlin, Cornelsen Scriptor 2001.

Der Stein der Weisen wäre beispielsweise Station 1, die Teufelsschlinge Station 2 und das Arbeitsblatt mit den fliegenden Schlüsseln Station 3. Ein Schild über den Arbeitsblättern, auf dem groß die entsprechende Nummer der Station zu sehen ist, soll den Schülern bei der Orientierung helfen. Jeder Schüler bekommt zusätzlich einen Laufzettel (siehe Beispiel S. 97). Auf diesem sind die Stationen ebenfalls durchnummeriert und evtl. noch mit ihrem Schwierigkeitsgrad versehen. Die Schüler können sich in dieser Stunde nun aussuchen, welche Stationen sie bearbeiten wollen. Natürlich können Sie auch eine Station als Pflichtstation kennzeichnen, die dann bearbeitet werden muss. Ganz wichtig bei dieser Unterrichtsform ist allerdings der vorbereitete Lösungstisch. Hier findet der Schüler zu jeder Station die entsprechende Lösung. Seine Ergebnisse vergleicht er nun mit der Lösung (sofern es für die Aufgabe eine richtige Lösung gibt). Erst nach einer Überprüfung auf Vollständigkeit und Richtigkeit darf er auf seinem Laufzettel die Station bei »erledigt« abhaken und eine neue bearbeiten. Am Ende der Stunde sollten noch einmal alle Stationen von Ihnen eingesammelt und überprüft werden. Die Schüler sollten die Stationen in ihrem eigenen Tempo bearbeiten. Schnelligkeit spielt keine Rolle, es soll vielmehr die Selbständigkeit der Schüler gefördert werden.

Beispiel eines Laufzettels:

Station	**Aufgabe** ☺ **einfach** ☺☺ **normal** ☺☺☺ **schwieriger**	**erledigt**
1	Der Stein der Weisen ☺☺	
2	Die Teufelsschlinge ☺☺☺	

...

Vorschlag für eine mögliche Klassenarbeit: Erlebniserzählung

Um das Einfühlungsvermögen der Schüler vor dem Schreiben der Erlebniserzählung noch zu sensibilisieren,

können Sie den Raum abdunkeln und die einleitenden Worte wie eine Phantasiereise mit der Anrede »du« gestalten. Jeder Schüler soll sich vorstellen, dass er mit Hagrid, Harry, Ron und Hermine nachts in den verbotenen Wald geht. Plötzlich kommt ein lautes Zischen auf ihn zu und auch im Wald wird es stockdunkel. Keine Menschenseele ist mehr zu sehen, nur in der Ferne leuchten zuckend Blitze auf. Der Schüler nimmt allen Mut zusammen und geht den Blitzen entgegen.
Die Schüler sollen in ihrer Erlebniserzählung diesen Beginn als kurze Einleitung zusammenfassen. Anschließend gliedern sie die Geschehnisse, die sie direkt im Wald erleben, in einen Hauptteil und einen Schluss.

Literaturhinweise

Falls Sie Interesse an den ausgearbeiteten Arbeitsblättern, weiteren Unterrichtsvorschlägen und Ideen, wie z. B. einer Lesenacht zu *Harry Potter und der Stein der Weisen* haben, so finden Sie dies in

Nothdorf, K.: *Kopiervorlagen und Materialien zu Harry Potter und der Stein der Weisen.* Deutsch: 5.–7. Schuljahr, Cornelsen Scriptor, Berlin 2001, ISBN 3-589-21530-5

Könncker, C.: *Harry Potter – ein neuer Klassiker der Kinder- und Jugendliteratur.* In: Praxis Deutsch, Nr. 161 (2000), S. 7–9

Tipps zum Weiterlesen

Joanne K. Rowling: *Harry Potter und die Kammer des Schreckens*
Carlsen Verlag Hamburg 1999, ISBN 3-551-55168-5
Joanne K. Rowling: *Harry Potter und der Gefangene von Askaban*
Carlsen Verlag, Hamburg 1999, ISBN 3-551-55169-3
Joanne K. Rowling: *Harry Potter und der Feuerkelch*
Carlsen Verlag, Hamburg 2000, ISBN 3-551-55193-6

Phantastische Tierwesen & wo sie zu finden sind
Carlsen Verlag, Hamburg 2001, ISBN 3-551-55306-8
Quidditch – Im Wandel der Zeiten
Carlsen Verlag, Hamburg, 2001, ISBN 3-551-55307-6

Lindsey Fraser u. a.:
Viel Zauber um Harry – Die Welt der Joanne K. Rowling
herausgegeben von Till Martin
Carlsen Verlag Hamburg, 2001, ISBN 3-551-35107-4

Knobloch, Jörg (Hrsg.):
Harry Potter in der Schule. Didaktische Annäherung an ein Phänomen.
Verlag an der Ruhr, Mühlheim 2001, ISBN 3-860-72657-9

Schneidewind, Friedhelm:
Das ABC rund um Harry Potter. Ein Lexikon
Schwarzkopf & Schwarzkopf, Berlin 2000,
ISBN 3-89602-280-6

Preissner, Saskia & Sarah: *Der inoffizielle HP-Fanclub präsentiert*: Die Zauberschule
Ullstein München, 2000, ISBN 3-548-36300-8

Bauer, Roland: *Schülergerechtes Arbeiten in der Sekundarstufe 1: Lernen an Stationen*
Cornelsen Scriptor, Berlin 1997,
ISBN 3-589-21117-2

Hörbuch:
Joanne K. Rowling: *Harry Potter und der Stein der Weisen*
Vorgelesen von Rufus Beck
6 Kassetten
Der Hörverlag
ISBN 3-89584-667-8

Unterrichtsmodell für die Klassen 7–9

Stundenaufwand ca. 11 Unterrichtsstunden

Robert Cormier
Nur eine Kleinigkeit

112 Seiten
ab 12 Jahren
Umschlagbild von Fred Dott
Carlsen Taschenbuchausgabe
ISBN 3-551-37113-X

Behandelte Themen in Stichworten:

- Schuldfragen
- Verantwortung
- Psychischer Druck
- Menschliche Schwächen
- Konfliktverhalten
- Juden im Dritten Reich

Leseprobe

»Widerlich, die Warze an ihrem Kinn. Es sprießen Haare daraus hervor«, sagte er, als er an die Kasse zurückkehrte. Sein Lächeln wich einem höhnischen Grinsen. Tatsächlich war sein Lächeln gar kein richtiges Lächeln – so wie sein Lachen kein richtiges Lachen war –, sondern nur eine andere Anordnung der Lippen, so dass sein übliches Hohngrinsen umgestülpt wurde.

Henry staunte darüber, wie höflich Mr Hairston die Kunden behandelte, solange sie sich im Laden aufhielten, wie er lächelte und dienerte und sich um sie bemühte, und wie ausfallend er wurde, wenn sie gegangen waren.

»Der Kunde hat immer Recht«, verkündete er eines Tages, so als könnte er Henrys Gedanken lesen. »Aber nur im Laden. Solange er kauft. Sonst sind es nur Menschen. Dumm, jedenfalls die meisten. Merken es nicht mal, wenn man ihnen ein günstiges Angebot macht. Warum also sollte man ihnen ein günstiges Angebot machen?« Er reichte Henry einen *Baby-Ruth*-Erdnussriegel, was den Jungen zutiefst verwunderte, da Mr Hairston ihm noch nie zuvor eine Leckerei zugesteckt hatte. »Iss«, sagte er. Und dann: »Im Krieg allerdings war es schön mit den Kunden. Durch die Rationierung. Die Leute kamen angelaufen, wenn sie hörten, dass ich eine Butterlieferung bekommen hatte. Oder Zigaretten.«

Henry hörte zu, die Backen voll gestopft mit der Süßigkeit. Mr Hairston blickte unterdessen in die Ferne, als führte er Selbstgespräche. Seine Stimme klang geradezu verträumt. »Sie mussten sich in einer Reihe aufstellen. Ich ließ sie warten und tat so, als wären die Sachen noch nicht angekommen, müssten aber jeden Augenblick eintreffen. Und die ganze Zeit war die Bestellung schon da und die Leute standen in Reih und Glied. Ich war wie ein Diktator, ganz so, wie sie mich sonst behandeln. Ich *war* ein Diktator. Weil ich Macht über sie hatte.« Dann schaute er nach unten und es war, als entdeckte er Henry erst jetzt wieder, nachdem er seine Anwesenheit schon vergessen hatte. »Mach dich an die Arbeit«, sagte er. »Ich zahle dich nicht dafür, dass du herumhängst und Maulaffen feilhältst.«

aus: Robert Cormier: Nur eine Kleinigkeit, Carlsen Verlag GmbH, Hamburg 2001 (Taschenbuchausgabe)

Inhalt

»Er hatte es die ganze Zeit auf mich abgesehen. (...)
Er wollte nicht, dass ich gut bleibe.«

Henry Cassavant wohnt in einem heruntergekommenen Viertel einer amerikanischen Kleinstadt direkt neben einer Anstalt für geistig Verwirrte. Seine Familie ist erst vor kurzem in diese Stadt gezogen, nachdem sein Bruder Eddie bei einem Autounfall tödlich verunglückt war und seine Eltern es in der alten Umgebung nicht mehr aushielten. Henrys Vater, ein ehemaliger Spieler, ist seit dem Tod seines Sohnes ein gebrochener Mann. Zwar scheint er seitdem von der Spielsucht geheilt zu sein, doch er fällt immer

wieder in tiefe Depressionen, die es ihm unmöglich machen, einer geregelten Arbeit nachzugehen und für seine Familie zu sorgen. Deshalb verdient Frau Cassavant als Kellnerin das Geld. Doch ihr Lohn und das Trinkgeld sind spärlich und reichen gerade für das Nötigste.
Henry ist ein äußerst sensibler Junge, der nicht nur sehr unter dem Tod seines Bruders, sondern auch unter der tiefen Trauer seiner Eltern leidet. Er versucht seine Mutter durch einen Nebenjob finanziell zu unterstützen und arbeitet jeden Nachmittag nach der Schule und samstagvormittags als Handlanger bei einem Lebensmittelhändler. Sein Chef, Mr Hairston, ist allerdings ein unangenehmer Zeitgenosse. Er ist nicht nur stets schlecht gelaunt, sondern zieht auch auf übelste Art und Weise über seine Kunden her. Neben allgemeinen Bemerkungen, die sich sowohl negativ auf das äußere Erscheinungsbild als auch auf die privaten Lebensumstände der Leute beziehen, legt er eine extreme Ausländerfeindlichkeit an den Tag.
Seine Tochter Doris ist ungefähr in Henrys Alter. Sie erzählt ihm, dass ihr Vater auch zu Hause sehr streng ist und vor Schlägen nicht zurückschreckt. Während Doris noch zur Schule und in die Bibliothek gehen darf, vegetiert ihre Mutter nur innerhalb der eigenen vier Wände dahin. Henry ist von diesen Umständen zutiefst verstört, doch der Job ist so wichtig für ihn und seine Familie, dass er alles dafür in Kauf nimmt.
Schon seit längerer Zeit interessiert sich Henry für einen alten Herrn aus der Anstalt neben dem Haus seiner Eltern. Er beobachtet den Tagesrhythmus des alten Mannes und

wird immer neugieriger. Schließlich nimmt er all seinen Mut zusammen, folgt ihm und spricht ihn an.

Der alte Mann heißt Mr Levine und ist Jude. Er hat als Einziger seiner Familie das KZ überlebt. Von ihm lernt Henry, der von Mr Hairston bisher nur Gutes über den Krieg gehört hat, eine ganz andere Sicht der Dinge kennen.

Das Dorf, aus dem Mr Levine stammt, ist im Krieg völlig zerstört worden und die Zeit im Konzentrationslager hat tiefe Wunden in seine Seele gerissen. Um diese schrecklichen Erlebnisse zu verarbeiten, schnitzt er sein Heimatdorf und dessen Bewohner mit viel Liebe und Mühe in Miniaturgröße in einer Werkstatt nach. Henry besucht den alten Mann dort und freundet sich mit ihm und dem Betreuer der Werkstatt an.

Als Mr Hairston sich eines Tages abfällig über Mr Levine äußert, kann Henry sich nicht mehr zurückhalten und berichtet dem Kaufmann von der Schönheit des Dorfes und der Arbeitsintensität, mit der Mr Levine daran arbeitet. Das fordert Mr Hairston dazu heraus, einen raffinierten Plan auszutüfteln. Er setzt den Jungen psychisch unter Druck und erpresst ihn, bis dieser sich nicht mehr zu helfen weiß und das Dorf seines Freundes in einer geheimen nächtlichen Aktion zerstört. Daran war Mr Hairston allerdings nur zweitrangig interessiert. Henry begreift erst nach der Tat, dass es seinem Chef nur darum ging, ihn, der immer brav und redlich war, zu einer bösen Tat anzustiften. Glücklicherweise kommt diese Erkenntnis nicht völlig verspätet. Henry lehnt die Belohnung, einen Grabstein für seinen Bruder Eddie, die Mr Hairston ihm

versprochen hatte, ab, denn erst mit der Annahme dieser Belohnung hätte Mr Hairston sein Ziel endgültig erreicht.
Henry schafft es nicht, sich Mr Levine gegenüber zu offenbaren, und er kann ihm auch erst nach drei Wochen wieder unter die Augen treten. Zu seiner Erleichterung sieht er, dass der alte Mann sich an die Reparatur seines Dorfes gemacht hat.
Statt eines Grabsteins legt Henry Eddies geliebten Baseballschläger auf das Grab. Seine Eltern haben in der Zwischenzeit begriffen, dass man vor schrecklichen Ereignissen nicht davonlaufen kann, und beschließen in ihren alten Heimatort zurückzukehren.

Der Autor

Robert Cormier (1925 bis 2000) wurde in Leominster, Massachusetts, geboren und lebte und arbeitete dort bis zu seinem Tod. Er wuchs als zweites von acht Kindern in einfachen Verhältnissen auf. Schon während seiner Schulzeit begann er zu schreiben. Auf dem College war eine Lehrerin von seinen Kurzgeschichten so beeindruckt, dass sie eine davon ohne sein Wissen bei einer Zeitschrift einschickte. So kam es zu seiner ersten Veröffentlichung.
Nach dem Studium schrieb Cormier einige Zeit Beiträge für einen Radiosender, bevor er als Autor und Redakteur viele Jahre bei der Zeitung arbeitete. Für seine journalistische Tätigkeit erhielt er mehrere Preise.

Seinen ersten Roman (für Erwachsene) veröffentlichte Robert Cormier bereits 1960, doch der große Durchbruch gelang ihm 1974 mit dem Jugendbuch *Der Schokoladenkrieg*. Dieser Roman wurde mehrfach ausgezeichnet, wie auch viele der nun folgenden Bücher.

Cormiers realistische Jugendbücher, in denen er u.a. Eindrücke aus seiner Zeit als Journalist thematisiert, beschäftigen sich mit den Problemen der alltäglichen Gewalt und fordern zum Nachdenken auf. Sie werden oft sehr kontrovers beurteilt, doch in den Augen jugendlicher Leser treffen sie den Kern der Dinge. »Sie erzählen vom Leben, so wie es ist.« Dieser Satz, der immer wieder in Leserbriefen an Robert Cormier auftauchte, war für ihn Bestätigung und Ansporn zugleich.

Erzählstruktur, Sprache und Illustrationen

Der Text ist in 20 kurze Kapitel untergliedert. Jedes dieser Kapitel wird durch eine düster wirkende schwarz-weiße Fotocollage des Illustrators Hanno Rink eingeleitet. Sie verstärken den beklemmenden Eindruck, der beim Lesen der Kapitel einerseits durch den kurzen, einfachen Satzbau und andererseits durch den sachlichen Stil entsteht.

Cormier verwendet gleich am Beginn seines Romans eine Vielzahl von Begriffen, Vergleichen und Handlungselementen, die eher negative Assoziationen hervorrufen: Henry trägt einen Gips (> Krankheit), er wohnt neben einer Anstalt für geistig Behinderte (> geistig Verwirrte),

sein Bruder stirbt bei einem Verkehrsunfall (> Leid, Tod), im Laden leben Ratten (> Ekel vor Ungeziefer), er besucht oft den Friedhof (> Tod), Mr Levines Aufenthalt im KZ (> Massenleid und -tod). Diese Bilder treten in einer hohen Dichte auf und erzeugen ein Bild der Trostlosigkeit.
Durch den besonderen Aufbau des Textes entsteht eine gewaltige Spannung. Der Autor erreicht das vor allem dadurch, dass er zwei verschiedene Typen von Kapiteln anlegt. In der einen Kategorie werden die schlechten Lebensumstände von Henrys Familie beschrieben, in der anderen spielt sich die Haupthandlung ab und wird der Konflikt – die Zerstörung des Dorfes – thematisiert. Durch diese immer wieder eintretende Verzögerung des Haupthandlungsstrangs entsteht eine fast unerträgliche Spannung, die zum schnellen Weiterlesen treibt. Um diesem Drang gegen Ende der Lektüre entgegenzukommen, fallen die dann zu lesenden Abschnitte in der Unterrichtseinheit größer aus.

Hauptmotivik und Hauptthemen

Leid und Schuld sind die zentralen Themen dieses Buches, die sich wie ein roter Faden durch den Text ziehen. Erst am Ende des Romans scheint sich zumindest einiges, wenn auch nicht zum Guten, so doch nicht erneut zum Schlechten zu wenden.
Tod ist ein weiteres Leitmotiv, ebenso wie charakterliche Schwächen. Während sich der Leser zu Beginn der Lek-

türe noch wundert, warum auf der ersten Seite ein Auszug aus dem *Vaterunser* steht, möchte er es am Ende am liebsten selbst herausschreien. Für Cormier ist Mr Hairston das personifizierte Böse: Er schlägt seine Tochter, richtet seine Frau psychisch zugrunde, lästert über Mitmenschen, ist ausländerfeindlich und hat im Krieg hungernde Menschen absichtlich lange auf ihre Lebensmittel warten lassen, nur um seine Macht auszuspielen. In der Erpressung Henrys gipfelt seine Bosheit.

Aber nicht nur Mr Hairston ist eine Person mit charakterlichen Schwächen. Cormier zeigt an all seinen handelnden Figuren menschliche Schwächen auf: Der Fahrer, der Eddie bei einem Autounfall tötet, begeht Fahrerflucht, Henrys Vater ist ein Spieler und depressiv, die Mutter scheint (wie der Vater auch) durch den Verlust des einen Sohnes den anderen völlig vergessen zu haben, beide vernachlässigen Henry vor allem emotional. Am Ende begeht Henry sogar selbst eine unrechte Tat. Da er jedoch nach der Zerstörung des Dorfes wie aus einer Ohnmacht erwacht und ihm bewusst wird, was er getan hat, scheint die Verkettung der Unheil bringenden Umstände unterbrochen zu sein. Für Henry und seine Familie ergeben sich durch den Vorfall ganz neue Perspektiven und sozusagen die Möglichkeit, jetzt vielleicht anderswo glücklich zu werden. Die Zeichen dafür stehen gut, doch Cormier lässt den Schluss offen und es bleibt, wie an vielen anderen Stellen seines Romans, dem Leser überlassen, ihn zu Ende zu denken.

Didaktische Überlegungen

Da dieser Jugendroman äußerst spannend geschrieben ist, weckt er problemlos das Leseinteresse der Schüler. Weder Umfang, Sprache noch Aufbau stellen hohe Anforderungen an den Leser. Zusätzlich kommt die Einteilung des Textes in kurze Kapitel seinem Einsatz im Unterricht entgegen. Es können geschlossene kleine Einheiten behandelt oder als Hausaufgabe gestellt werden, ohne dass man den Text dadurch zu sehr auseinander nimmt.

Der recht einfachen Erzählstruktur steht jedoch eine tiefer gehende und vielschichtige Handlung gegenüber. Die hohe Dichte an angesprochenen Themen bietet eine Fülle von Diskussionsstoff über Fremdenhass, Gut und Böse, Fahrerflucht, Spielsucht, Konfliktverhalten etc. Weiterhin ist es in einer Zeit, in der viele Schüler im finanziellen und materiellen Luxus leben, wichtig, sie für sozial Schwächere zu sensibilisieren. Die Figur Henry bietet sich hier als Identifikationsfigur an: Er ist ungefähr im selben Alter wie die Schüler und verhält sich oft ähnlich. Natürlich sind seine Probleme nicht mit denen der Schüler zu vergleichen. Jeder von ihnen kann aber in eine vergleichbare Situation oder einen Konflikt geraten, aus dem kein Ausweg möglich scheint. Henry behält sein Problem für sich, sieht keine Lösung und quält sich fürchterlich. Dieses Verhalten sollte im Unterricht unbedingt behandelt werden. Die Schüler sollten sich damit auseinander setzen und eventuelle Lösungsmöglichkeiten diskutieren.

Ein weiterer interessanter Aspekt dieses Buches, der sich zur Behandlung im Unterricht eignet, ist Cormiers Spiel

mit den unterschiedlichsten Protagonisten und ihren Perspektiven. Es bietet für die Schüler die Möglichkeit, sich in die verschiedenen Personen hineinzuversetzen und die Handlung aus deren Perspektive zu betrachten. Neben den Figuren Vater, Mutter und Mr Levine eignet sich hier besonders die Figur Doris.
Da der Text an verschiedenen Stellen immer wieder auf den Krieg verweist, bietet sich hier eine fächerübergreifende Bearbeitung mit dem Fach Geschichte an. Folgende Fragen sollten hier eine Rolle spielen: Was erfährt der Schüler aus dem Text und wie und wo könnte er zusätzliche Informationen beschaffen, damit er die Handlung besser versteht (z. B. Informationen über die Konzentrationslager)? Es bietet sich darüber hinaus auch ein Besuch einer Gedenkstätte in der Nähe an.

Methodische Anregungen und lektürebegleitende Aufgaben

Die vorgestellte Unterrichtseinheit dient als Leitfaden. Die durchnummerierten Stunden sind notwendig, um den Inhalt der Lektüre zu verstehen und angemessen mit ihm zu arbeiten. Die Einheit kann je nach Lust, Zeit und gewähltem Schwerpunkt um die ausgewiesenen »Zusatz«-Vorschläge erweitert werden, natürlich können diese auch durch eigene Ideen ergänzt oder ersetzt werden.

Übersicht über die Unterrichtseinheit

Stunde	Thema	Arbeits- und Textgrundlagen	Verfahren/Unterrichtsgeschehen
1	Einstieg – erste Begegnung mit der Lektüre	Titelbild, Vorwort, 1. Seite	Vermutungen anstellen, Brainstorming
2	Personenkonstellation und -betrachtung	1. Kapitel	Schaubild Personenkonstellation, Gegenüberstellung: Eddie ⇔ Henry
Zusatz	Vorurteile	1. Kapitel	Tabelle anlegen: Mr Hairstons Vorurteile
Zusatz	Ratten	2. und 3. Kapitel	Arbeitstechnik: Recherchieren
3 (fächerübergreifend mit dem Fach Geschichte)	Mr Hairston – ein Diktator?	3. Kapitel	Referat, Unterrichtsgespräch
Zusatz (fächerübergreifend mit den Fächern Werken und Kunst)	Das Dorf	4. Kapitel	Visuelle Gestaltung: Dorfmodell bzw. Dorfzeichnung

Stunde	Thema	Arbeits- und Textgrundlagen	Verfahren/Unterrichtsgeschehen
Zusatz (fächerübergreifend mit dem Fach Religion)	Das Judentum	4. Kapitel, ganze Lektüre	Grundzüge des Judentums
4 (Doppelstunde)	Sucht	5. Kapitel	Diskussion, Arbeitstechnik: Recherchieren, textimmanentes Arbeiten
Zusatz	Der Grabstein		
5 (Doppelstunde)	Konzentrationslager	7. Kapitel	Textimmanentes Arbeiten: Unterstreichen, Stichwörter herausschreiben; Arbeitstechniken: Recherchieren, Auswerten und Vorstellen, evtl. eine kleine Ausstellung vorbereiten, schriftliches Beantworten einer Frage
6	Mr Cassavant	8. Kapitel	Textproduktives Verfahren: Szene aus der Perspektive des Vaters schreiben lassen (Ich-Form)

Stunde	Thema	Arbeits- und Textgrundlagen	Verfahren/Unterrichtsgeschehen
7	Mr Hairstons Interesse	9. bis 11. Kapitel	Den Text auf die Aussage von Doris hin überprüfen, Ergebnisse in tabellarischer Form stichpunktartig festhalten
8	Mr Hairstons Strategie	12. bis 15. Kapitel	Schriftlich oder mündlich Mr Hairstons Strategie beschreiben, textproduktives Verfahren: Tagebucheintrag von Henry
9	Henrys Entscheidung	16. bis 18. Kapitel	Diskussion: »Ausweg«; textproduktives Verfahren: Fortsetzung
10	Mr Hairstons Ziel	19. Kapitel	Unterrichtsgespräch
11	Das Ende?	20. Kapitel	Textproduktives Verfahren: Fortsetzung (2 Alternativen zur Auswahl)
Zusatz	Spannung	ganze Lektüre	Erstellen einer Spannungskurve
Zusatz	Titelbild	ganze Lektüre	Visuelle Gestaltung: Titelbild
Vorschlag für eine mögliche Klassenarbeit			

- Um die Klassenlektüre erfolgreich durchzuführen, eignet sich das Anlegen eines gesonderten Heftes zu dieser Unterrichtseinheit. Der Umschlag kann auf der Vorderseite mit einem weißen Blatt beklebt werden, auf das die Schüler ihren eigenen Namen und den Titel des Buches schreiben. Gegen Ende der Unterrichtseinheit haben die Schüler hier die Möglichkeiten, »ihr« Titelbild zu gestalten. Arbeitsblätter sollten unbedingt eingeklebt werden.
Der Vorteil eines solchen Heftes besteht darin, dass die Schüler es zum Einen nach ihren Vorstellungen gestalten und natürlich freiwillig erweitern können und zum Anderen, dass hier alle wichtigen Aspekte gesammelt und sortiert vorhanden sind, so dass den Schülern z.B. das Wiederholen für eine Arbeit dadurch erleichtert wird.

- Um während und nach der Lektüre eine genaue Übersicht über die Handlung zu haben, sollte auf den ersten Seiten dieses Heftes folgende Tabelle (über zwei DIN-A 4-Seiten) angelegt werden:

Kapitel	Seite	Überschrift für das Kapitel	Inhalt in Stichworten (Personen, Ort der Handlung usw.)	Schicksal bzw. »das Böse« in dem Kapitel	Spannungsintensität des Kapitels (auf einer Skala von 1 bis 6)

Hier können nach der Lektüre alle wichtigen Aspekte stichwortartig vermerkt werden. Anhand einer Skala von 1 bis 6 sollen die Schüler am Ende der Unterrichtseinheit eine Spannungskurve der gesamten Handlung erstellen.

Unterrichtsvorschläge zu den einzelnen Stunden

1. Stunde: Einstieg

Textgrundlage: Titelbild, Vorwort, 7. bis 9. Seite

- In der Einstiegsstunde soll eine erste Beziehung zum Buch aufgebaut werden. Wichtig ist es, eine Lesemotivation bei den Schülern zu wecken, die auch in den weiteren Stunden anhält. Schon in dieser Stunde kann ein freiwilliger Schüler mit einem Kurzreferat zum Thema Diktaturen beauftragt werden.

- Lassen Sie die Schüler das Titelbild betrachten, beschreiben und anschließend Vermutungen über den Inhalt des Buches anstellen.

- Das zweite Vorwort ist eine Zeile aus dem *Vaterunser*: »Erlöse uns von dem Bösen«: Führen Sie ein Brainstorming zu den Begriffen »das Böse« und »das Gute« durch und visualisieren Sie es an der Tafel.

das Gute **das Böse**

- Nachdem die Schüler die erste Seite gelesen haben, sollen sie die Handlung gedanklich weiter spinnen. Dies ist besonders ergiebig, da auf der ersten Seite bereits zentrale Elemente (z.B. Personen und Ort) der Handlung angesprochen werden.

2. Stunde: Personenkonstellation und -betrachtung

Textgrundlage: 1. bis 3. Kapitel

- Lassen Sie ein Schaubild über die Personenkonstellation anfertigen und stichwortartig genauere Informationen hinzufügen. Das Schaubild kann im weiteren Verlauf der Lektüre jederzeit ergänzt werden (siehe Beispiele).

Mutter
- arbeitet viel
- trauert um Sohn Eddie

Vater
- ehemaliger Spieler
- depressiv

Eddie
- war ein Sunnyboy
- ist bei einem Autounfall ums Leben gekommen

Henry
- trauert um Eddie
- leidet unter der Lethargie seiner Eltern

Der alte Mann
- ist seit dem KZ ein gebrochener Mann
- das Nachbauen des Dorfes hilft ihm beim Verarbeiten

Jackie
- provoziert Henry

Mr Hairston
- hat für jeden ein schlechtes Wort parat
- wäre gern ein Diktator

- Henry leidet nicht nur unter dem Tod seines Bruders, sondern auch darunter, dass er immer noch im Schatten von Eddie steht.

  Die Schüler sollen die unterschiedlichen Charaktereigenschaften der beiden Brüder (von denen sie auf S. 16 erfahren) schriftlich festhalten.

Eddie	Henry

Zusatz: Vorurteile

- Was ist ein Vorurteil?

  Die Schüler sollen sich zu dieser Frage äußern und Beispiele für Vorurteile nennen. Anschließend sollen sie die Vorurteile von Mr Hairston mithilfe folgender Tabelle untersuchen.

Name der Person	Nationalität	Mr Hairstons Kommentar	Seite, Zeile

Zusatz: Ratten

- Die Schüler sollen Informationen (z.B. aus dem Internet oder aus einem Lexikon) über Ratten zusammenstellen und folgende Frage schriftlich beantworten: Ratten werden in der Literatur oft als Symbol eingesetzt. Überlegt, welche Wirkung sie beim Leser hervorrufen und welche symbolische Bedeutung sie in diesem Text haben!

3. Stunde (fächerübergreifend mit dem Fach Geschichte): Mr Hairston – ein Diktator?

Textgrundlage: 3. und 4. Kapitel

- Lassen Sie einen Schüler ein Kurzreferat zum Thema Diktaturen halten. Anschließend soll folgende Frage diskutiert werden: Über welche Charaktereigenschaften muss Mr Hairston wohl verfügen, wenn er sich gern als »Diktator« gesehen hat und Diktaturen so positiv gegenübersteht?

Zusatz (fächerübergreifend mit dem Fach Werken und Kunst): Das Dorf

- Falls Sie gern handlungsorientiert mit der Lektüre arbeiten wollen, können Sie mithilfe der Angaben im Text Mr Levines Dorf von den Schülern zeichnen oder malen lassen. Eventuell können die Schüler auch versuchen es aus Balsaholz anzufertigen.

Zusatz (fächerübergreifend mit dem Fach Religion): Das Judentum

- Allgemein bietet sich ein Exkurs über das Thema Judentum an.

4. Stunde: Sucht (Doppelstunde)

Textgrundlage: 5. Kapitel

Eine Person ist dann süchtig, wenn sie nicht mehr widerstehen kann, d.h. wenn sie zu dem Suchtmittel nicht mehr Nein sagen kann. Für den Süchtigen bedeutet dies, dass er sein Leben nicht mehr wie gewohnt fortführen kann. Er leidet beispielsweise unter Geldmangel und sein körperliches und seelisches Wohlbefinden hängt stark von den Erlebnissen ab, die das Suchtmittel hervorruft.

- Regen Sie eine Diskussion zu folgenden Fragen an: Warum ist »Spielen« auch eine Sucht? Worin besteht die Abhängigkeit? Welche Suchtmittel kennen die Schüler noch? Welche Auswege gibt es?

- In Drogenberatungsstellen finden Abhängige professionelle Unterstützung und Hilfe. Die Schüler können in ihrem Umkreis eine solche Institution ausfindig machen und die Telefonnummer und die Öffnungszeiten herausfinden. Vielleicht lässt sich bei einer Gruppe von Schülern auch das Interesse wecken, sich vor Ort von den Sozialpädagogen über ihre Arbeit informieren zu lassen und in der Klasse davon zu berichten.

- Henry und seine Mutter sprechen über die Probleme von Henrys Vater.
  Wie erklärt die Mutter Henry die Sucht ihres Mannes? Lassen Sie die Schüler die entsprechenden Textstellen unterstreichen.

Zusatz: Der Grabstein

- Der Wunschgrabstein für Eddie wird ziemlich genau beschrieben.
  Die Schüler sollen eine Skizze davon entwerfen.

5. Stunde: Konzentrationslager (Doppelstunde)

Textgrundlage: 7. Kapitel

- Was erfährt Henry über die Konzentrationslager?
  Die Schüler sollen die Informationen, die im Text enthalten sind, unterstreichen und stichwortartig zusammenstellen.

- Lassen Sie die Schüler in Gruppenarbeit weitere Informationen über Konzentrationslager sammeln und im Lexikon, im Internet, in Geschichtsbüchern usw. recherchieren. Wichtige Informationen sollen abgeschrieben, kopiert und markiert werden. Die Standorte von Konzentrationslagern können zur Veranschaulichung z.B. durch Fähnchen auf einer Deutschland- bzw. Europakarte markiert werden. Die gesammelten

Informationen sollen zu einer Collage auf ein großes Plakat (z.B. alte Tapetenrolle) geklebt und den Mitschülern vorgestellt werden. Die Plakate können in den Fluren der Schule ausgestellt werden, um auch andere Schüler für dieses Thema zu interessieren.

- Die Schüler sollen folgende Frage schriftlich beantworten: Was bedeutet das Dorf für Mr Levine?

6. Stunde: Mr Cassavant

Textgrundlage: 8. Kapitel

- Die Situation zwischen Henry und Jackie eignet sich dazu, um sie aus einer dritten Perspektive zu betrachten und das schriftlich festzuhalten. Die Schüler sollen sich vorstellen, dass Henrys Vater auf dem Balkon steht und Zeuge der Auseinandersetzung zwischen Jackie und Henry wird. Was geht ihn ihm vor, was fühlt er? (Ich-Form verwenden!)

7. Stunde: Mr Hairstons Interesse

Textgrundlage: 9. bis 11. Kapitel

- Es ist doch irgendwie merkwürdig, dass sich Mr Hairston so für Mr Levine interessiert.
  Die Schüler sollen diesbezüglich Vermutungen anstellen und diese erläutern.

- Doris sagt über ihren Vater (S. 59): »Er kann einem auf viele Arten wehtun.«
  Lassen Sie den bisher gelesenen Text von den Schülern noch einmal daraufhin überprüfen, welche dieser Arten sie während der Lektüre bereits kennen gelernt haben. Diese sollen dann stichpunktartig in einer Tabelle mit dazugehörigen Seiten- und Zeilenangaben im Heft notiert werden.

8. Stunde: Mr Hairstons Strategie

Textgrundlage: 12. bis 15. Kapitel

- Lassen Sie die Schüler schriftlich oder mündlich Mr Hairstons Strategie beschreiben und erläutern, welche Umstände er sich zunutze macht bzw. worin seine besondere Grausamkeit liegt.

- Henry führt ein Tagebuch.
  Die Schüler sollen seinen Tagebucheintrag von diesem Abend (Ende des 15. Kapitels) schreiben.

9. Stunde: Henrys Entscheidung

Textgrundlage: 16. bis 18. Kapitel

- Regen Sie eine Diskussion zu folgenden Fragen an: Warum hat Henry das Dorf zerstört? Hätte es einen Ausweg für ihn gegeben, und wenn ja, welchen?

- Lassen Sie die Schüler eine Fortsetzung der Szene schreiben, in der sich Henry seiner Mutter anvertraut. Wie reagiert sie wohl auf Henrys Tat?

10. Stunde: Mr Hairstons Ziel

Textgrundlage: 19. Kapitel

- Führen Sie ein Unterrichtsgespräch über folgende Fragen: Welches Interesse verfolgte Mr Hairston mit der Zerstörung des Dorfes? Hat er sein Ziel erreicht?

11. Stunde: Das Ende?

Textgrundlage: 20. Kapitel

- Fordern Sie die Schüler dazu auf, eine Fortsetzung des Textes zu schreiben. Zwei Themen stehen zur Auswahl:

  Nach 3 Monaten treffen sich Henry und Doris in der Bibliothek:

  Variante A) Henry berichtet Doris von den familiären Entwicklungen der letzten drei Monate.

  Variante B) Doris erzählt Henry, was mit ihrem Vater seit dem Umzug passiert ist.

Zusatz: Spannung

- Um den Spannungsverlauf der Handlung genau analysieren zu können, empfiehlt es sich, eine Spannungskurve anhand der fortlaufenden Aufzeichnungen zu erstellen. Auf der x-Achse werden die durchnummerierten Kapitel eingetragen, während die y-Achse Auskunft über die Spannungsintensität auf einer Skala von 1 bis 6 gibt (1 = niedrigste, 6 = höchste Spannungsintensität)

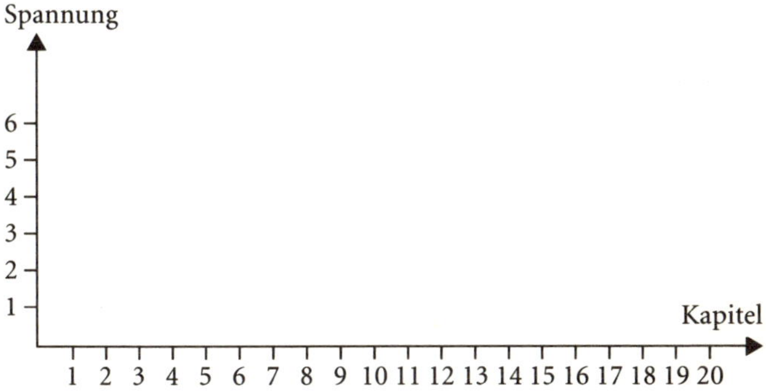

- Untersuchen Sie die Spannungskurve und berücksichtigen Sie dabei folgende Fragen: Wodurch erzielt der Autor die Spannung? Warum sind einige Kapitel spannender als andere? Ist eine Regelmäßigkeit der Spannung erkennbar?

Zusatz: Titelbild

- Die Schüler zeichnen oder basteln ein Titelbild. Anschließend stellen sie es im Sitzkreis vor und begründen bzw. erläutern ihr Motiv.

Vorschlag für eine mögliche Klassenarbeit: Personenbeschreibung

- Falls Sie diese Lektüre mit einer Klassenarbeit abschließen möchten, bietet sich eine Inhaltsangabe mit anschließender Personenbeschreibung an. Da vor allem Mr Hairston im Mittelpunkt der Unterrichtseinheit stand, wird es den Schülern nicht schwer fallen, ihn zu beschreiben. Unterstützend können die Illustrationen auf den S. 42 und 68 eingesetzt werden.

Lebende Besen

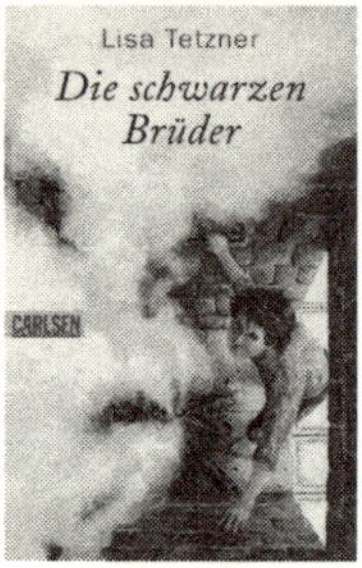

Lisa Tetzner
Die schwarzen Brüder
Ca. 480 Seiten
Taschenbuch
ISBN 3-551-37125-3

Gerade mal zehn Jahre alt ist Georgio, als er von seinen Eltern aus Geldnot an den Mann mit der Narbe verkauft wird. Ein schreckliches Schicksal steht dem kleinen Jungen bevor: Er soll Kaminfegerbube in Mailand werden und als »lebender Besen« durch die finsteren Kamine klettern. Die Arbeit ist schwer und ungesund, doch Georgio findet Trost und Rückhalt bei seinesgleichen, im Bund der »Schwarzen Brüder«. Hier halten alle zusammen, schmieden gefährliche Pläne und haben nur einen Gedanken: Flucht!

CARLSEN